文博展馆空间设计

The Museum Space Design

著 王 雄

辽宁美术出版社

Liaoning Fine Arts Publishing House

序 >>

「 当我们把美术院校所进行的美术教育当作当代文化景观的一部分时，就不难发现，美术教育如果也能呈现或继续保持良性发展的话，则非要"约束"和"开放"并行不可。所谓约束，指的是从经典出发再造经典，而不是一味地兼收并蓄；开放，则意味着学习研究所必须具备的眼界和姿态。这看似矛盾的两面，其实一起推动着我们的美术教育向着良性和深入演化发展。这里，我们所说的美术教育其实有两个方面的含义：其一，技能的承袭和创造，这可以说是我国现有的教育体制和教学内容的主要部分；其二，则是建立在美学意义上对所谓艺术人生的把握和度量，在学习艺术的规律性技能的同时获得思维的解放，在思维解放的同时求得空前的创造力。由于众所周知的原因，我们的教育往往以前者为主，这并没有错，只是我们需要做的一方面是将技能性课程进行系统化、当代化的转换；另一方面，需要将艺术思维、设计理念等这些由"虚"而"实"体现艺术教育的精髓的东西，融入我们的日常教学和艺术体验之中。

在本套丛书出版以前，出于对美术教育和学生负责的考虑，我们做了一些调查，从中发现，那些内容简单、资料匮乏的图书与少量新颖但专业却难成系统的图书共同占据了学生的阅读视野。而且有意思的是，同一个教师在同一个专业所上的同一门课中，所选用的教材也是五花八门、良莠不齐，由于教师的教学意图难以通过书面教材得以彻底贯彻，因而直接影响教学质量。

在中国共产党第二十次全国代表大会上，习近平总书记在大会报告中指出："教育、科技、人才是全面建设社会主义现代化国家的基础性、战略性支撑……全面贯彻党的教育方针，落实立德树人根本任务，培养德智体美劳全面发展的社会主义建设者和接班人。坚持以人民为中心发展教育，加快建设高质量教育体系，发展素质教育，促进教育公平。"党的二十大更加突出了科教兴国在社会主义现代化建设全局中的重要地位，强调了"坚持教育优先发展"的发展战略。正是在国家对教育空前重视的背景下，在当前优质美术专业教材匮乏的情况下，我们以党的二十大对教育的新战略、新要求为指导，在坚持遵循中国传统基础教育与内涵和训练好扎实绘画（当然也包括设计、摄影）基本功的同时，借鉴国内外先进、科学并且灵活的教学方法、教学理念以及对专业学科深入而精微的研究态度，努力构建高质量美术教育体系，辽宁美术出版社会同全国各院校组织专家学者和富有教学经验的精英教师联合编撰出版了美术专业配套教材。教材是无度当中的"度"，也是各位专家多年艺术实践和教学经验所凝聚而成的"闪光点"，从这个"点"出发，相信受益者可以到达他们想要抵达的地方。规范性、专业性、前瞻性的教材能起到指路的作用，能使使用者不浪费精力，直取所需要的艺术核心。从这个意义上说，这套教材在国内还具有填补空白的意义。 」

目录 contents

第一章　现代文博展馆设计概述

本章重点》

现代文博展馆的类别、特征及其设计范畴和设计新理念。

学习目标》

掌握专业理论知识，了解现代文博展馆设计的主流趋势。

建议学时》

4学时。

第一章　现代文博展馆设计概述

从“二战”后到20世纪以来，博物馆的建设蓬勃发展且社会效益也日益增强。国内外博物馆的数量与类型在面向社会化的需求下与日递增。当前，我国的博物馆建设正处在一个蓬勃发展的时期，在倡导和构建和谐社会的新形势下，博物馆的社会教育功能日益受到重视。近年来，随着我国各类博物馆向公众免费开放的逐步推广，更多的观众被吸引走进博物馆；旅游产业的迅猛发展，也给博物馆业带来了新的发展机遇和空间。博物馆以其高品位富有文化含量的特性已逐渐成为集参观、休闲、旅游为一体的文化消费场所。成为城市文化设施的重要组成部分，是展示、衡量一个国家、地区、城市社会进步和文明程度的重要窗口和标志。

第一节 ///// 博物馆的定义

博物馆是为公众文化需求服务的公共建筑，是人类文化遗产的宝库，博物馆里汇集了人类文明珍贵的物质见证，尤其是综合类、艺术类、民族民俗类、收藏类的博物馆，不仅有广泛的收藏，而且有许多的珍品是人类文明的艺术结晶。在1974年第十届国际博物馆协会通过的章程中指出：博物馆是一个以研究、教育和欣赏为目的，对人类和人类环境的物质见证进行收集、保护、研究、传播和展览，并且它是一个不追求盈利的，为社会和社会发展服务的、向公众开放的永久性机构。

博物馆是征集、典藏、陈列和研究代表自然和人类文化遗产的实物场所。博物馆展示陈列设计主要包括历史博物馆、自然博物馆、科技馆、纪念馆、民俗博物馆的陈列设计。此类展示陈列有四大职能——信息收集、学术研究、解释、观赏教育。其社会价值主要在于为专业研究和社会教育提供良好的环境和条件。

第二节 ///// 博物馆的分类

我国在1988年前对国内博物馆的划分可归类为专门性博物馆、纪念性博物馆和综合性博物馆三大类，在现阶段参照国际上一般使用的分类法，已将国内博物馆划分为历史类、艺术类、科学与技术类、综合类四种类型。

综合类：世界性综合博物馆、国家与地方综合博物馆

历史类：历史文物博物馆、社会历史博物馆、战争与军事博物馆、考古与遗址博物馆

民族民俗类：人类与民族博物馆、民俗博物馆、宗教博物馆

文化艺术类：美术馆、现代艺术馆、工艺珍宝博物馆、建筑博物馆

自然类：综合自然历史博物馆、专门性自然历史博物馆、水族馆、天文馆

科技产业类：综合性科技产业博物馆、专题性科技产业博物馆、科技中心

纪念类:历史事件纪念馆、名人纪念馆、名人故居

收藏类：各种专门性收藏博物馆

第三节 ///// 博物馆展陈空间类别与特征

大型文博展陈设计，其设计范畴主要涵盖历史、科技、文化、艺术等各类综合性、专题性、行业性的博物馆、陈列馆的设计和大型博览会场馆设计。

一、综合类博物馆

综合类博物馆承载着收藏人类创造的物质文明，研究发掘物质遗存及文化精神的历史意义，肩负着“弘扬民族精神、传承历史文化、促进文化交流”的历史使命和向大众展示历史文明轨迹的社会功能。综合类博物馆常以历史发展脉络或时间顺序安排展陈内容。相比于一般展陈空间，综合类博物馆承载着更多的文化内涵，因此，如何展现其历史性、地域性、文化性是设计的一个指导思想。

这类博物馆的陈列空间设计，必须坚持唯物史观的基本原则，实事求是地展现历史史实和人类文明，要尊重历史，不要人为的赋予陈列内容过多的历史内涵。设计应避免假、浮、空和过多的粉饰，要恰如其分地表现和烘托主题。

二、历史类博物馆

1.历史文物博物馆

其展陈设计是以陈列文物为中心的，设计要把馆藏文物承载的历史人文内涵予以彰显，让观展者与陈列文物产生情感上的对话，要把与文物相关的历史背

景史实资料，故事串接起来，扩大陈列内容的涵盖面。并使陈列空间、博物馆展品与环境共同构成一个具有显著特性的统一整体。空间的设计多以简约、明快、庄重、素雅的风格为主，色彩也多以素色为主，设计避免烦琐的装饰。

2.社会历史博物馆

多以反映某一社会历史时期的人文、历史为主要展示内容，展示内容具有久远的历史背景和深远的文化底蕴。这一类展馆的设计构思应建立在全面、准确地把握展示主题内容的时代背景资料、人文历史文脉的基础上。能否从展示内容深厚的历史文脉中挖掘、提取出与展示主题相吻合的设计语言符号，也是决定设计方案成败的一个主要因素。

3.战争与军事类博物馆

空间设计追求大体量，大尺度。给人以视觉和心灵的震撼力。

4.考古与遗址类博物馆

为供保护已发掘遗址或为展示发掘成果而在遗址上修建的博物馆。与具有广博性的一般历史博物馆相比，遗址博物馆具有单一性和不可移动性的特质。即它的研究、陈列始终是围绕遗址这个单一主题进行的，作为藏品的遗址是不可移动的。

三、自然类博物馆

自然科学博物馆具有科学性和教育性的特性，要求其展陈设计强调观众的体验性与参与性，融趣味性、知识性为一体。

人的愉悦体验是自然科学博物馆陈列设计所追求的核心。其展陈设计需结合当代人的观展需要和审美情趣，充分利用多媒体技术、网络技术等现代高科技展陈技术，交互式的陈列形式，先进的展示道具和设施来揭示自然的奥秘和规律。并通过艺术手段来创造身临其境的陈展空间效果，将展示内容转化为个人的体验。同时，设计还应从关注人性的角度出发，通过人性化的空间创造来满足不同年龄、不同阶层观展者的不同需求，处处体现出浓厚的人文关怀。

自然博物馆多以图文展板、实物展品、标本、化石、动态模型、演示沙盘以及自然生态再现场景空间，向观众传播自然科学知识，使观众切身感受到自然的奥秘。让观众在“寓教于乐”的陈列展览中受到教育，得到一种美的享受是设计中首要考虑并贯穿设计全过程的一个重点。

四、民族民俗类博物馆

民族民俗类博物馆的展陈设计，应努力挖掘不同地域、不同民族、不同时期的历史文化遗产，用现代的设计理念进行新的诠释和传承，设计应具有鲜明的地域文化特征，独特的民族风格以及民俗风情，应重视历史文化脉络的延续和挖掘，赋予展示空间一种文化的继承性和与时代性相协调的内在品质。

五、纪念馆

纪念馆往往以强调教育功能为主旨。设计侧重空间纪念性属性、鲜明的主题意义和时代性特征的准确表达和诠释。纪念馆陈列空间能给观展者什么样的启迪和精神体验，如何使观众从陈列展览中受到教育和启迪，是纪念馆展陈设计中一个值得注意的问题。对纪念馆空间属性的准确表达和基本陈列主题的诠释是纪念馆展陈设计应予以解决的重点。

在纪念馆陈列设计中，应以翔实的资料和史实为依托，综合运用现代高科技手段和多种展陈方式，来生动地展现历史事件的真实和纪念人物的人生历程。展陈设计的一个根本使命就是要把纪念馆蕴涵的潜在精神揭示出来。

与场面宏大的战争题材纪念馆相比，历史人物纪念馆的陈列风格则相对平叙、质朴、亲切而不奢华。

六、文化艺术类博物馆

艺术博物馆所展示的内容大多是绘画、雕塑、手工艺品、设计作品。观众进入艺术展览馆，首先是被展馆空间营造的艺术气氛所感染，而后才能静心品味单体展品。因此，艺术展馆的设计都应以营造美的空间氛围，提供良好的展示空间为目的。

七、科技产业类博物馆

科技产业类博物馆的基本任务是向公众普及科学技术知识，传播科学思想、方法和科技信息，提高公众的科学文化素质，培养创新精神。运用互动展示实现观众的参与互动，增强趣味性和观赏性，调动青少年和广大观众的观展兴趣，是科普馆展陈设计的一种主要手法。

参与是人的本能，在科技馆的展陈设计中，各种体验式的科普展项设计，在一定程度上满足了观众对科普知识的感观认识和体验需求，参观者在观展过程中，通过自己触摸，动手操作，亲身体验，通过视觉、听觉、触觉等多感官的体验，能更加全面、直观地感知科技的发展与进步。

设计强调通俗性、可看性，以观众易于接受的展览形式，将抽象、概念化的展览内容转换为可感知的直观视觉形象，以强化观众的参观体验和记忆。以求达到寓教于乐的展览效果。

八、行业博物馆

以反映社会各行业生产历史发展过程和文化内涵为主旨的行业博物馆，其涉及的范围极为广泛，涵盖了与大众生活息息相关的社会各行业领域，行业博物馆在弘扬行业文化、传播行业科普知识、丰富社会大众的文化生活等方面起到非常重要的作用。

九、城市规划展示馆

有着城市名片和城市会客厅称谓的城市规划馆，是市民和公众了解一个城市发展历史、建设历程、长远规划的窗口；是政府招商引资的信息平台和城市间文化交流的渠道。同时，它也是一个城市形象、经济、科技等综合实力的展现。

城市规划展示馆展示的内容极具专业性和知识性，规划设计是一门综合学科，很多人不了解，因此，以一种通俗易懂的方式让市民和公众来了解和解读城市规划，是规划展示馆设计的重点所在。

十、大型博览会场馆

博览会场馆空间设计。一般都是围绕会展的主旨。运用多种展陈手段，全面而充分地展现参展方所要展出的内容、主题和目标。如2010年的上海世博会，各国家馆、主题馆、企业馆的场馆设计都是围绕“城市，让生活更美好”这一主题展开的。

博览会场馆设计具有极强的综合性，它是科学与艺术、材料与技术、内容与形式的有机结合，并强调观众与展示内容的互动性，是多维的时空艺术设计。现代博览会场馆设计，通过空间环境设计、视觉传达设计以及各种当代最新高科技手段的运用，充分调动观展者的视、触、嗅、听等多感官，为观众构建出独特、新颖、交互的时空空间，使观展者能全方位、多层面地去观察、体验、感知、接受各种信息传递。

第四节 ///// 现代博物馆展陈设计取向

国内外博物馆陈列设计，在历经传统的单一图板展示、文物摆放陈列阶段，以及图文展示陈列与静态场景化设计相结合的阶段以后，进入21世纪，信息传播的全球性，快捷性给博物馆的展陈设计带来了新的思考，博物馆的展陈设计如果只是停留于传统意义上的以图文为主的视觉效果展示，其存在和发展的意义会越来越窄。例如，历史博物馆的展陈，如果单纯地依靠历史图片、实物来传递信息，已不能满足当代人对历史时空的真切感受。大量的图文、实物资料完全可以通过网络、影视等各种视觉传播途径，让人们感知、了解历史。

因此，伴随信息化社会的进程，高新技术的迅猛发展，现代人文化层次和审美观念的提高及变化，博物馆展陈设计无疑会面对设计理念、展陈功能的转化、空间维度的拓展、展陈手段与技术运用的更新等一系列问题。

当今博物馆的功能与类型已走向多元化，其展陈设计越来越强调人的参与和互动，关注空间场所精神及陈展内涵的表达，注重寓教于乐的展陈效果，陈列形式向交互式、场景式、参与式转化。同时，高新科技的发展使得博物馆已进入了数字化、集成化、网络化、智能化的数字化博物馆设计时代。

一、创造最适宜的陈展与观展空间场所

在信息时代，发达的信息网络与传媒正主宰或影响着现代人的生活方式和价值取向，电脑的普及和各种高科技手段的运用，使信息得以广泛传播并深刻地影响着大众的生活，信息技术对人类的影响主要源于其带来的新的交流形式和空间形态，信息技术创造了虚拟空间这一新的空间形态。在数字时代，信息技术的发展使信息交流的种类、速度和方便程度已与距离、位置没有直接关系，网络以其自身的特点改写了人类在空间中的活动方式，它让在各个不同地理位置上的人，能通过电子技术的联结，在一个人造的虚拟环境中互动，也使人们可以轻易地跨越空间、地域相互联结。发达的信息网络与传媒，可以让人们无须走进博物馆的真实空间，足不出户就能快速地了解到各类博物馆的陈设内容及主题。

因此，寻求情感上的共鸣和心灵的触动，追求现场空间的真实体验和感受主题空间营造出来的气氛和情境，是公众参观博物馆的初衷。

现代博物馆的陈列设计越来越依赖空间的创造来表现展馆特有的文化内质和场所精神，陈展空间已成为设计的重点。陈列空间设计从围绕着局部的展品组合、展面分割而拓展到对展厅空间意境的创造和展馆

整体空间环境的营造，甚至扩展到对整个外部环境空间的整合设计。不断拓展和充实展陈空间内涵，营造一个与博物馆内容主题、文化特征、环境特质相吻合的“陈展与观展空间场所”，为观展者和陈列展品创造一个最适宜的观展与陈展空间，是现代博物馆展陈设计适应时代发展要求的必然结果。

二、强调观众的情感体验和参与性

从时代的发展角度来看，“寓教于乐”是现代教育所特别提倡的教育方式。在当今的信息社会，满足公众的娱乐性需求已经与满足公众的教育性需求一样，成为博物馆一项重要的社会功能。博物馆陈列不再是“类教科书”式的说教场所，人的愉悦体验已成为博物馆陈列设计所追求的核心，人的情感体验已成为新的审美价值取向，现代博物馆展陈设计在重视功能、人体工学原则的基础上，更进一步正视和尊重主体人的需求，尊重人的情感和审美需求，设计更加强调观众对陈列展示内容的参与感，促成观众与陈列表达情感上的沟通，通过“情景交融、物我交融、情理相随”的观展过程，把观众引入到解读历史真实、见证辉煌文明、增长科学知识、陶冶艺术情操的陈展空间中。

三、关注人的空间体验

在过去相当长的一段时间里，博物馆满足于单一的交流形式——看。观众边走边看，他们的眼光从展品游移到文字说明，经过一个个展室，以此来完成观众对展品间的沟通。使观众获得知识。这样的陈列方式已经不能适应当代观众的要求。

当代博物馆展陈设计更加注重观众与展品的互动与交流；注重扩展人们的生活经验、经历和感受，促进人们与空间、环境的对话，博物馆陈列形式不仅是陈列内容的载体，也是情感的一种传递方式。人们常说的“场景令人感动”、“场面震撼”、“气氛庄严”等，其实并非指博物馆本身令人感动、受人喜爱或者敬仰，而是因为在博物馆及其所形成的环境、空间、场所中凝聚着人们特定的情感体验和丰富的精神生活内容。

博物馆的展陈从强调视觉之美到追求人性化的空间感受；从静态的观展到动态的空间体验；展陈空间已成为展陈设计的主角和首要因素。人与空间、展品与空间的互为融合、互相渗透，使当代博物馆陈列空间设计已经呈现出空间多义化的趋向。展陈空间首先基于人的体验而不是展品的原因而存在。这是现代博物馆展陈设计关于展品、建筑、观众之间关系的一种阐述。

有时，博物馆展陈空间以其独特的空间魅力和空间体验诠释出博物馆的精神内涵，足以让观展者不去关注博物馆陈列展品。这说明，在传递博物馆的主题内容中，陈列空间与陈列展品具有同样的职能。

柏林犹太博物馆的整体空间形态，体现出了这种特质。在这里，孤立的展品与建筑已不复存在，展陈空间与人的情感体验已经融为一体。

四、展陈、建筑、环境的一体化设计

展陈设计中需要综合考虑博物馆建筑及其外部环境与展厅陈列空间的关系，应关照到展陈内容与建筑空间形态、地域环境特征三者之间互为依存的关系，避免三者间的分离、冲突与对峙。一方面，我们需要把建筑的美感、文脉，外部环境的地域特征融入的陈列空间中，另一方面，要注重将陈列内容的精神内涵向建筑空间及其外部环境空间予以渗透。通过这种互为转换与融合实现三位一体的整合。

在博物馆的改扩建中，应保持“一脉相承”的延续性。本着去其糟粕，留其精华的原则，有选择地吸取和传承原馆建筑形态、环境空间、陈列手法的精髓。这种传承可能是一种空间尺度比例的延续，也可能是一种肌理、饰材、色彩的借鉴。是运用现代新工艺、新技术、新手段依照现代人的需求予以的适时性改造。例如：苏州博物馆通透开敞、景随人意、步移景换的设计，充分体现了建筑、室内陈列空间与园林景观的和谐统一。博物馆设计在环境的营造、展品陈列空间的设计、休闲及服务配套设施的构建上有着独到的上乘设计。

五、形式与内容的完美结合

博物馆陈列布展设计，应体现形式与内容的完美结合，并以最佳的视听观展效果将博物馆陈列主题和内容呈现出来，使整个展览主题思想能够深刻映入观众脑海，让参观者在了解历史史实的同时，得到情感和精神上的升华。这其中，空间分布、展线安排、场景设置、展品陈放、展具工艺、灯光效果、视屏媒体、声光特效、图文展板、雕塑绘画、装修饰材等一系列设计要素决定着展陈效果的成败。

技术与艺术的完美结合也是现代文博展陈设计的一个趋向。博物馆陈列布展设计中，除了要合理解决展览功能和常设的工艺技术问题之外，更重要的是赋予展陈空间以特定的意境和艺术气息，这是博物馆有别于一般的商业或公共空间设计的一个特质。

第二章　博物馆陈列布展设计要素

本章重点 》

文博展馆设计要素、设计原理、展陈手段与数字化技术的运用。

学习目标 》

掌握从事本专业设计所需要的基础专业知识，提升专业设计综合素养。

建议学时 》

12学时。

第二章　博物馆陈列布展设计要素

博物馆展陈设计都是通过光、色、形、材等诸要素的恰当运用来完成的。空间形态、光照、材料、版式等要素在展陈空间环境中不是相互无关、孤立和分割的单体。而是共同作用并为整体空间服务的。空间的气氛不是凭空而来，正是由这些具体形态要素所共同创造的。全面分析并了解这些空间设计语言要素，有利于我们从空间的整体效果来把控形、光、色等诸多设计要素。

第一节 ///// 空间形态要素

博物馆的陈列布展可以说是空间的组合艺术，是把各种造型元素按一定形式进行组合的过程。从人的行为心理要素分析，人总在空间的开合之中寻找自身的适宜方位，适宜的开合空间。可使空间更加丰富、生动、有变化。由于人们对空间总是有不同的感受，博物馆展陈设计需要创造各种展示空间形态来满足不同层次的参观人群对展陈空间品质的各种需要。使博物馆成为观众感情与情绪的寄托之地。

空间的形态一般是以点、线、面、体等几种基本形式出现的，它们在空间中有各自不同的表现形态，并与材料、肌理和环境中的光色等要素共同作用，限定并决定着空间的基本格式和性质，而不同形式的空间又有着不同的性格与情感表达，给人不同的视觉感受。如高大的空间给人以崇高感，封闭式空间由于视野受限，人会感到压抑、郁闷，流动空间令人感到自然、舒畅。

空间呈现的形态种类很多，主要有：开敞空间、封闭空间、结构空间、母子空间、虚拟空间、物质空间、动态空间、流动空间、静态空间、共享空间、外凸空间、凹入空间、下沉空间、悬浮空间、室内空间、室外空间等。

展馆空间的分隔：

展馆空间的分隔方式主要有整体分隔、局部分隔、半隔半透的分隔、象征性分隔等几种类别。空间分隔的方法有：1.可用展板、展墙将一个展厅空间分隔成若干个单元。2.利用展柜、展箱、悬挂展板进行局部分隔，构成半隔半透的分隔。3.运用不同的照明方式或光色来区分空间。4.利用不同材质及色泽来区分展厅空间界面。5.利用地面的高差及地面铺装材料来区分空间。6.还可通过展厅吊顶的造型、顶棚材料的处理来限定空间。

第二节 ///// 文物与展品陈列

博物馆藏品的价值是由与其相关的社会行为和社会活动所决定的，其意义并不局限于历史的，同时也涵括和反映当代社会的发展及时代特征。博物馆的文物展品陈列，要深入研究馆藏文物的内涵、特点。要考虑将陈列藏品置于其产生、存在和利用的社会历史背景中。

由于博物馆中的陈列品都是极其珍贵的文物，必须使之不受损伤。因此，展厅的温度、湿度、空气流通、自然光和照明灯光既要适合于展示展品，又要适应人的感官条件和舒适程度。同时展厅的温度与湿度要恒定：温度一般控制在18℃～25℃之间，湿度不要超过60%。照明光源最好不含紫外线，以确保展品不受紫外线的伤害。

人类的活动范围与行为方式所构成的特定尺度是界定其他设计尺度的标准。因此，文物与展品陈列的尺度，展板、展柜的高度均应以人体标准的绝对尺寸为基点，进行组织、设计与陈列。

陈列密度也要适当。一般来说， 博物馆陈列所占的面积不应超过陈列室地面与墙面面积总和的60%，以40%为佳。

一、文物与展品的陈列形式

1.展柜陈列

陈列壁柜、壁面嵌入式陈列展柜、小型文物展柜、大件文物展柜、文物组合陈列等。

2.中心陈列

常常把重点文物或大型陈列品放置于展厅中心区域或陈列重点空间中，使观众一进馆就看到文物或展品。

3.文物组合陈列

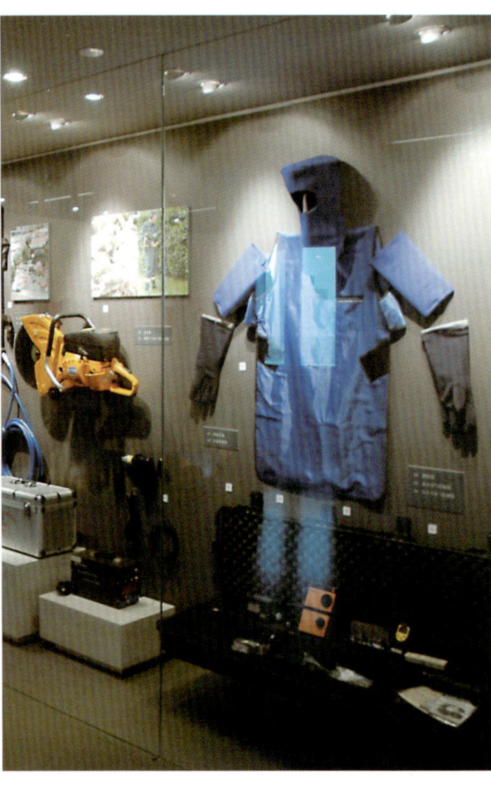

4.动态展示陈列

观展中，观众可参与演示、动手操作、亲身体验。

5.场景化文物陈列

6.开放式或半开放式文物陈列

是一种对陈列文物和展品进行全方位、多视角的陈列方式，观众可近距离接触或直接触摸展品。

二、展柜设计

1.展柜设计的基本要求

(1)文物保护技术要求：由于展柜和文物直接或间接接触，展柜所用材料应避免使用含有氯、硫或其他酸性成分的材料，以免对文物造成损害。一般选用不锈钢、铝合金和表面喷塑涂料钢板要比其他材料安全。同时，文物展柜需具有良好的密封性和恒温、恒湿性。要避免紫外线光对文物的损伤。

(2)展柜安全技术要求：文物展柜要具备足够承重能力和稳定性，具有防盗、防火功能，柜体材料坚固耐用。

(3)美学视觉效果要求：展柜外观设计要美观大方，与展厅整体效果相协调，能很好地衬托文物。

(4)操作实用技术要求：便于安装、固定、摆放，方便拿取和放置文物。

不论高展柜，还是低展柜，在尺度设计上都必须符合人体工程学要求。在大玻璃展柜中，还可以采用大小不同的方墩，或用拆装式小展架支承玻璃板，或用插接头夹插平板玻璃来摆放展品，使之错落有致，富有美感。

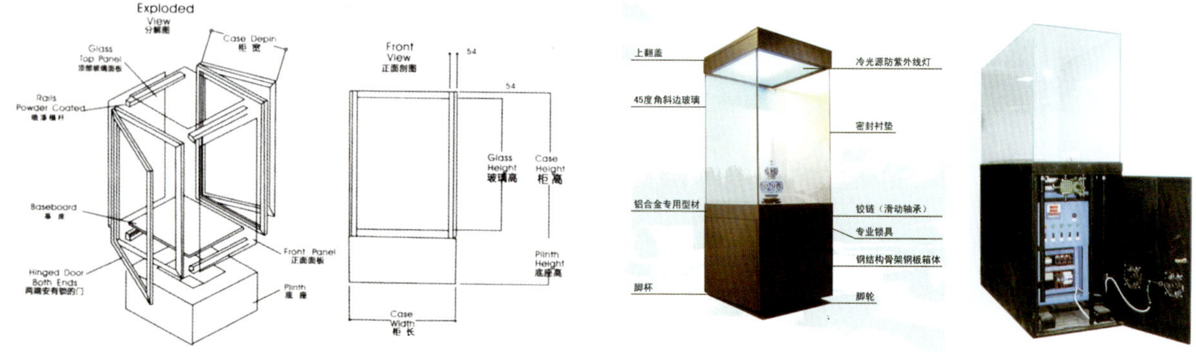

2.展柜类型

(1)通排墙柜

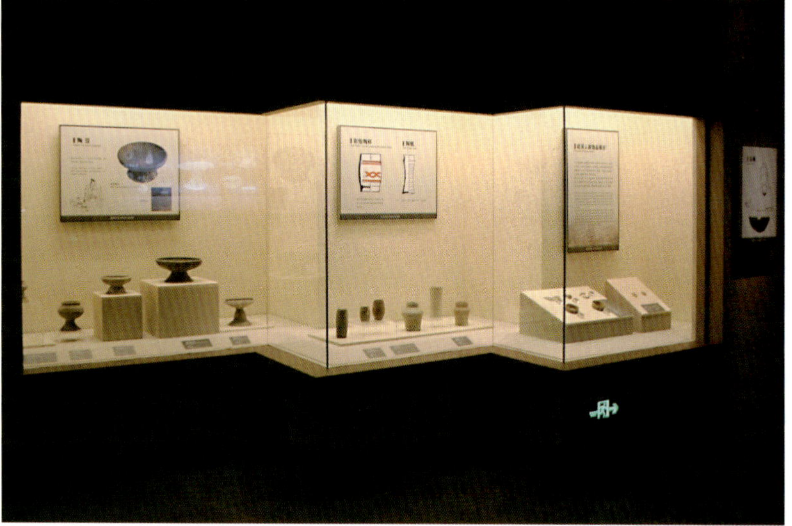

(2)桌柜

(3)异型柜

(4)中心四面柜

(5)坡柜

(6)独立展柜

3.柜托及文物固定卡具

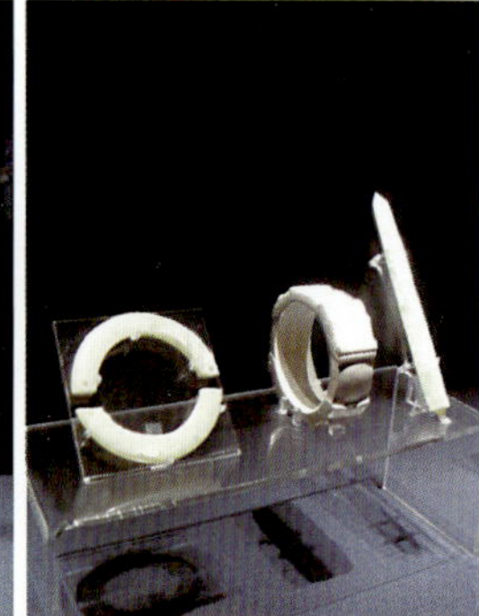

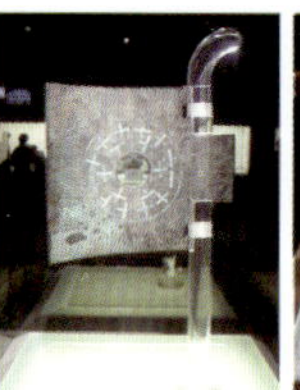

第三节 ///// 版式设计与展板制作

据统计，人类通过眼睛摄取信息约占进入大脑全部信息的90%，眼睛是感官之首。在博物馆展陈设计中，图文展板设计的视觉美感依然是展陈设计的重要内容，图文展板设计的好坏将直接影响到展陈效果和观众的情绪。

博物馆展陈设计中的版式设计与平面设计的版面有所不同，它不仅仅是版式形态上的点、线、面、体的变化，而且还涉及材料、色彩、照明等表现手法。

现代展示空间设计的展板版式设计已经进入了一个多形式的阶段。因此，设计中我们需要遵循以下原则：

1.鲜明的版面内容主题与艺术性的版式形式的有机结合。

2.展示内容的趣味性体现与独特版式创意设计的互为融和。

3.版式设计风格与展示整体空间风格的协调统一。

在具体的版式设计中，要注意以下几点：

1.版式设计要了解展陈主题、内容和馆陈属性，善于精选图片，减少过多的文字说明；版面编排设计要围绕展示内容主题，选取最有吸引力的部分，达到突出重点，引人注目的目的。

2.为了吸引观看兴趣和容易理解便于记忆，要精心组织版面内容的顺序。展板设计需要有统一的风格和版式，清晰的图文编排。

3.要对总体展陈的内容进行分类。根据展线长度、布展内容的重要性和先后顺序，确定标题和图文展板的数量、区位安排，控制整体色调，形成流畅的布展节奏。

4.熟知布展中所需要的图文资料和数量，以符合观众观览习惯的版式对其进行总体编排，同时，设计中需考虑版式的整体表现风格和制作工艺。考虑到不同层面的参观群体的需求。

展板类别：

前言、标题展板，图片展板，

图表、图示展板，电子动态示意展板，

书影图板、文字展板，

独立展板、 展墙立面挂板，

悬挂图板，背景衬板，

文物、展品导览说明牌等多种形式。

展板制作涉及的印刷及装裱工艺主要有：激光刻绘、喷绘打印，丝网印、VJ印刷技术以及图板的冷裱、热裱等工艺技术。

导视标牌

导视系统的设计和制作要容易识别、经济实用，导视标牌的材质、造型、色调要与展馆基调、展陈主题相协调，要能体现馆陈特色。

常见的导视标牌有：竖直型、斜面型和水平型。其制作材料主要有：石质、玻璃、不锈钢、铝板、复合塑料型材等。

展厅空间视域控制：

展品、图片、文字陈列展示，从人体工程学的角度，应充分考虑到视觉生理在视力、视野、视角、视距、视觉容量、视觉感知度等方面的舒适要求。

一般展厅立面展陈区域控制在4米以下，4米以上展墙做常规装修设计。

立面展板视阈控制高度范围：800～3000mm。

展板图文视阈控制范围：1100～2200mm。

陈列展台或展柜适宜高度：800～1200mm。

通道宽度：主通道宽度设计为4～6m，次要通道2～3m。

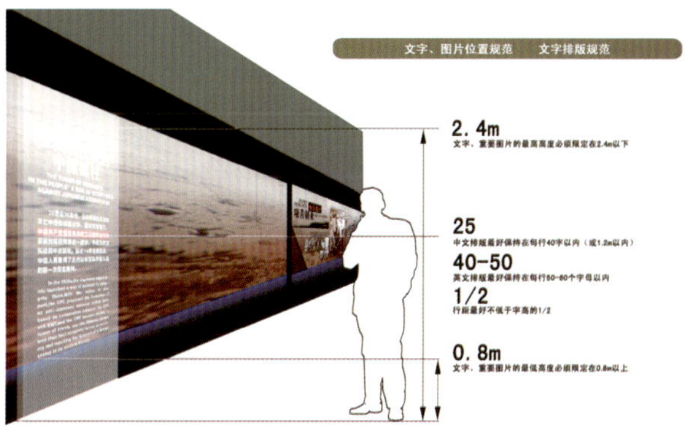

设计案例

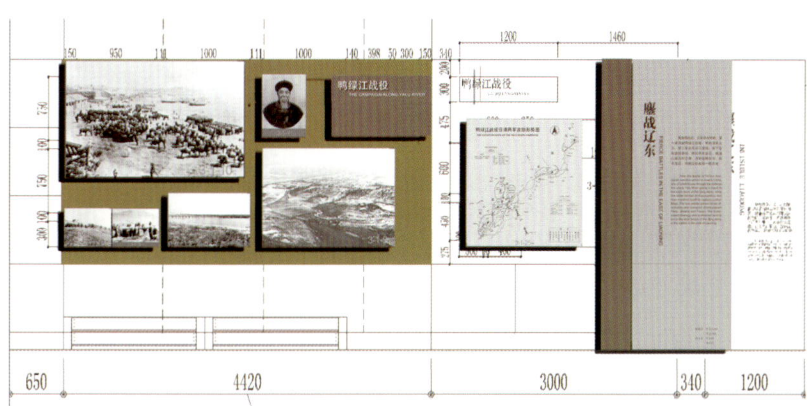

户部奏请：
停购外洋船械三年
北洋海军开办以后，
迄今未添一船……
窃虑后难为继。
——李鸿章

第四节 ///// 照明与光效设计

博物馆的照明与光效设计需要展陈设计师配合专业的照明设计师进行，这种协同工作贯穿于方案的设计阶段直至施工制作的全过程。

照明形式可分为基本照明、局部照明和特殊照明三种。在博物馆的陈展空间中，这三种照明形式可具体对应为：展厅及环境照明、文物及展柜照明、重点展区及场景照明，博物馆照明常采用天然采光和人工照明相结合的照明方式。

自然光：随时间产生光影变化。采光的方式有：高侧窗采光、侧窗采光、高侧窗和侧窗并存、天窗采光四种。

人工光：恒定不变，通过光色设计可丰富空间的照明效果。

一、展厅空间的照明

展厅空间的基本照明：

辅助空间照明

博物馆的主入口大厅、门厅等辅助空间一般被看成是参观者的“视觉调节区域”：为了缓和参观者不同时间进入博物馆内部时眼睛出现不舒服感觉，过渡空间的照明应随着时间的变化而做调节，以缓和参观者因照度高低的悬殊而带来的眼睛不适感。

走廊通道、休息区的照明虽然不属于展示照明，却和展示照明直接相关。

二、展柜照明

照明应保证参观者可以看到陈列展品细节，避免光源在玻璃上形成镜像。

三、展板照明

对于立面展墙上的标题、图片、文字等展板，在照明中首先要保证充分和均匀的照明，其次需要避免眩光。

四、场景特效照明

对场景环境及空间气氛的烘托是场景灯光设计的重点。设计多采用水平照明和垂直照明两种手段相结合，场景空间的光效控制以营造足够的空间感和场景所需要的具体特效为准则。

五、数字化照明控制

博物馆的数字化照明控制，可根据不同的时间段通过不同的场景模式对整体照明的功率做到很好的控制，如利用传感技术的照明控制系统，通过红外线感应探测人流而自动开关照明。在参观者走近的时候会亮灯，远离的时候则会关灯，不但可大大降低展品的耗损，同时亦达到节约能源的效果。

六、陈列文物、展品类别对照度的要求

1.对光特别敏感的展品:丝、棉麻等纺织品、织绣品、中国画、书法、拓片、手稿、文献、书籍、邮票、图片等各种纸制物品,壁画、彩塑彩绘陶俑、含有机材质底层的彩绘陶器、彩色皮革、动植物标本等陈列展品面照度值应在50lx。

2.对光敏感的展品:漆器、藤器、木器、竹器、骨器制品、油画、蛋清画、不染色皮革等陈列展品面照度值应在150lx—180lx。

3.对光不敏感的展品:如青铜器、铜器、铁器、金银器、各类兵器、各种古钱币等金属制品、石器、画像石、碑刻、砚台、各种化石、印章等石制器物,陶器、唐三彩、瓷器、琉璃器等陶瓷器,珠宝、翠钻等宝石玉器,有色玻璃制品、搪瓷、珐琅等陈列展品面照度值应在300lx。

展陈空间以人工照明为主的时候，馆内基本照明与展品照明的亮度对比为1：3，展柜内照度为基本照明的2～3倍。

七、光源和灯具

1.灯光配置原则

科学、实用、美观、节能。

为使大量文物不受损伤，陈列照明光源尽量避免紫外线光。展品陈列照明避免眩光。荧光灯和白炽灯是博物馆最普遍采用的人工照明光源，这是因为白炽灯能使展品生动鲜明，而且它的紫外线含量极少，而荧光灯的亮度低，发光效率高，而且紫外线含量也远比天然光低得多。高强度气体放电灯只在特殊情况（展室特别高大、对颜色的鉴别不太重要）时才可采用。

2.灯具

主要有射灯、轨道灯和分色涂膜镜、光导纤维照明、成像灯等。

灯具的选择：好的灯具包括一些控制眩光的零配件和对文物保护的UV镜。由于紫外辐射是引起展品变褪色的主要原因。红外辐射可能使展品的温度上升，从而使展品产生干化、变形、裂纹等。可以采用红外辐射少的光源（如荧光灯）或采用冷光束卤钨灯等，或在灯前面安装能吸收红外辐射的滤光器。光对展品的损害作用的大小与展品上的曝光量（照度与时间的乘积）成正比。

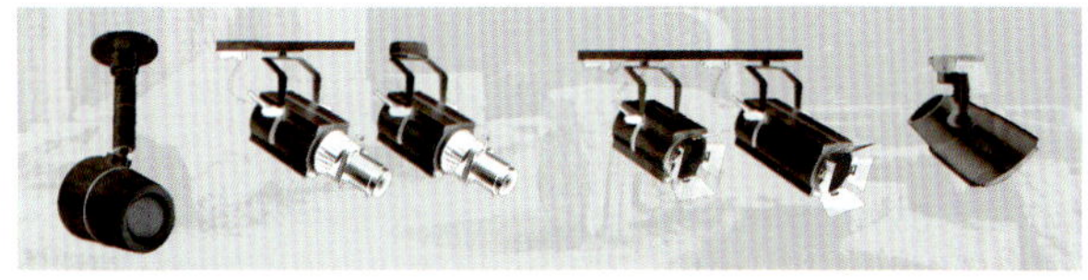

快接插头、灯具尺寸及适配光源示意。

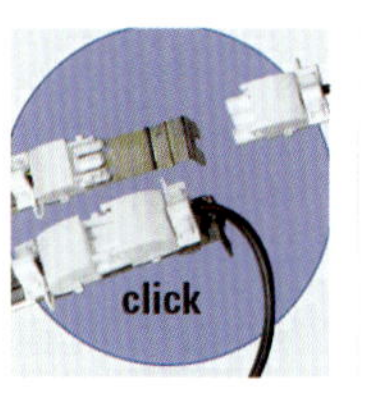

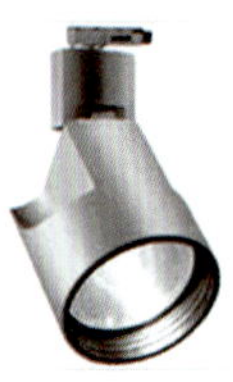

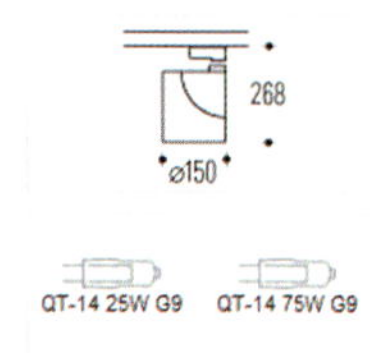

特殊照明灯具：如紧凑型可调节射灯——356°水平调节，90°垂直调节，配有用于3路导轨的转换开关。

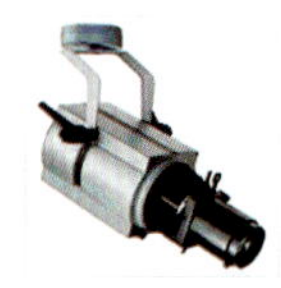

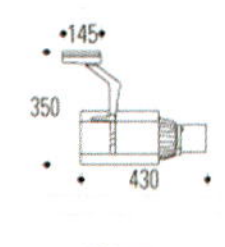

第五节 ///// 材料设计

材料对展陈空间的形态、特点以及空间的品质、设计风格的体现有着极为重要的影响作用。陈展空间效果的营造依靠材料与空间形态、光照、色彩的巧妙搭配。当空间形态有缺陷时，合理的材料运用往往能起到弥补不足、化腐朽为神奇的作用。

在展厅空间环境中，人长时间的停留，更易于与各类材料产生近距离的接触，由于材质是人的视觉、知觉、触觉的直接界面材料的特征表现。因此，博物馆展陈空间界面材料的选择，既要注重材料的特性、质感、触感、纹理、色彩；还要考虑到空间形态构造的限定、人的主观需求和审美情趣。同时，需综合考虑材质的实用和环保。熟知材料的规格、造价、施工工艺等。这样，才能取得理想的设计效果。

一、 材料的选择

博物馆展陈空间的传统用材基本上类同于建筑业的建材，如石材、钢材、木板材、石膏板等。各类多层木夹板、纤维板、有机玻璃板、人造革、铝塑板、无纺装饰布、壁纸、高密度苯板、双面胶纸、铝型材、特种玻璃与工程塑料等装饰材料，广泛应用于展陈空间的隔墙、天棚、展墙以及展板、展台、展柜、导向标牌的制作。

材料选择的原则：

1.材料的选择应与展馆的空间属性相适宜。以历史类展馆为例：历史类展馆在材料的运用上常以石材、木材等自然材料为主，以体现展馆深厚的历史文化品位。

2.饰材的选用要“因材适用”。选用环保、优质、耐用、性价比高的装饰材料，尽量选择当地的饰材，以降低材料损耗和成本。设计师如何结合材料的特性、依据空间的属性、功能及使用人群的心理等因素合理地选材，独具匠心地发掘材料的质感美、材料的张力是十分重要的。

3.设计中要注重表层装饰材料的选择和应用，强调材料的表现力。充分展现每一种材料自身所具有的实用性与审美价值。可通过各种材料的组合、现代工艺的特殊加工和艺术处理，利用材质硬与软的质感，粗糙或平滑的肌理，亚光或光亮的表面，来最大限度地挖掘出材质的美感。例如，清水混凝土饰材、仿真岩石肌理展墙所显现出的质朴、粗放、自然的材料特性，赋予了空间静谧、朴素、厚重的场所感。

4.在陈展空间中，装饰选材一般以两三种主材为宜，材料的泛用往往会造成对空间整体效果的破坏，在施工中需要保障主材纹理，色泽的统一。对不锈钢、玻璃、金属板材的使用需要进行亚光处理，避免眩光产生的视觉污染。

5.装修材料必须满足国家防火规范要求。通常，硬质材料必须是不燃的，软质材料必须是难燃的。木材和钢材必须经过防火处理，现在常用防火涂料，使木材达到难燃。

二、 材料的运用

展馆空间的装饰主料大致可分为：地面铺装材料、展厅立面装饰材料和顶棚吊顶材料三大类。

1.展墙基础构筑材料：多采用质量轻、硬度高、耐腐蚀和防火性能好的铝材、铝合金、不锈钢与钛金板、复合塑料、防火胶板、阻燃合成板与特种纤维板等。

2.展墙饰面及展板、壁面主材：展墙、壁面主材多以石材、木材、金属板材、壁布、墙砖及各类涂料为主，如洞石、木纹石、滑石板、层岩板、墙砖、水泥压力板、金属孔板、亚克力板、人造复合板材、钢化玻璃、雕刻铜板等，局部采用木材、金属板材、石材及线材收边。

3.吊顶材料：格栅、石膏板吊顶、轻质塑料、塑钢、膜材料、金属垂片、硬铝板材等。

4.地面铺装材料：石材、地砖、塑胶地板、木地板、复合地板、地毯等。设计中常常利用地铺材料具有的空间界定作用，用不同的材质来区别空间的功能分区。

三、材料运用举例

展墙基础构筑材料

把暴露的建筑顶部结构、设备管道、结构部件设计为展馆空间吊顶的一种特别“装饰”。

轻质膜材料

藻井、斗栱，自然的柱木，精美的织物，质朴的青砖，这些装饰用材传递出一种深厚的文化内涵，给人一种自然的视觉和触觉美感。历史类博物馆常利用面层涂料的色彩变化丰富展陈空间效果。天棚选用黑色格栅、垂片结合局部石膏吊顶。地面铺装材料多选用亚光石材、地砖或塑胶地板。

相比于玻璃、金属、塑料等材料，木质材料丰富的色泽、自然的纹理和天然的气息，给人以温和、质朴和亲切感。如今，大量木质合成板材料的出现，不仅弥补木质材料的缺陷，从结构上改善木质材料的易变形、易燃的弱点，而且节约了大量的木材资源。

不锈钢材料、玻璃、PVC板，这些质感光亮、透亮的材料，常常令空间呈现另一种形态，给人以心理的舒畅感，增加了展厅的现代感、科技感。

槽钢、铝板，以及水泥、木材、塑钢等复合板材，这些经现代高科技加工的材质以其冷静、简朴和光洁的特性深受展陈设计师的青睐。

高强铝、钢、复合塑料、玻璃等现代新材料与网架结构、玻璃幕墙等新结构的互为结合显示出高技派将室内装饰材料与建筑饰材的合二为一的特点。多运用于科普馆。

“生长”的材料：钢板腐锈斑驳的材质表层肌理留下的是自然界雕琢的痕迹，是时光的记述……蕴涵着一种材料生长的信息。

展馆公共空间的材料运用，多采用玻璃、金属材料、石材、木材的组合来体现空间的理性、严谨、高效、有序的属性特征。

金属复合板材、人造石等，这些经现代高科技加工的材质具有冷静、简朴和光洁的特性。

木材、织物等柔性材料，柔化了空间环境。

第六节 ///// 展陈手段与数字化技术运用

一、展陈手段运用

博物馆的设计能否给观展者提供一种难以忘怀观展体验，将直接影响公众对博物馆的认同感和归属感。由于博物馆本身包含广泛的人文历史、自然科普、民族风俗等知识，这使得其展陈形式的手段也具有多元化的特征。如何运用多种展陈手段，来充分调动参观者的视、听、触、嗅等多感观体会，提高观览的兴趣和情感体验，是现代展示空间设计的一个侧重点。

现代展陈形式和手段的日趋多样化，突破了过去的以展墙图片、文字图板、展柜文物为主体的单一模式。传统的线性、平面化的展陈形式逐渐被网络化、多维化的展陈体系所替代，展陈模式向参与模式、交互模式、场景模式转化。

陈列展示手段大致可归类为以下几大类：

传统的陈列展示手段：图文展板；文物与展品陈列、沙盘模型、模拟置景等。

艺术创作手段：常用于展现陈列内容上的亮点，如对重大事件、重点人物、重点场景的艺术再现。其主要形式有：全景画、浮雕、雕塑、蜡像、油画、国画、微缩景箱和大型艺术场景的创造，如半景画场景、情景式复原场景、沉浸式场景等。

交互式展示陈列手段：多媒体技术、网络技术与虚拟现实技术等高科技技术的导入使博物馆的展陈形式获得了新的发展。视屏影像、三维动画等新媒体技术以及影像合成拼接技术、机械互动技术、声控感应、电磁感应、触摸压力感应等现代科技技术得到了广泛应用。

二、数字化媒体设计

在互联网及数字化媒体盛行的今天，现代展示由过去的静止、被动的展现方式逐步向动态和互动的展示方向转变。多媒体技术以其所占空间小、信息容量大、互动性强等优点，在当今博物馆展陈设计中得以广泛应用。

多媒体具有的声音、影像和文字等综合信息的传播能力，并能与参观者进行有效的互动和沟通，也加强了传播效果。目前流行的多媒体的概念，主要仍是指文字、图形、图像、声音等人的器官能直接感受和理解的多种信息类型。多媒体展示通过影像和网络等技术增大了展示的信息量，观众通过视觉、听觉、触觉等来体验展陈的效果，使其观展活动成为展示的一部分。

人机交互技术、数码新媒体技术、计算机程控技术、虚拟现实技术等科学技术在展示设计中的应用，对展示设计产生了巨大影响。

运用计算机程序控制将视频、音效、场景灯光及其他装置设备予以合成、集成和协调。并与场景空间、文物陈列相配合来营造多感官多媒体互动技术。

运用现代高科技手段、多媒体技术、网络技术，通过交互式陈列形式或多媒体、现代声光电技术的生动演示来创作动态的展陈效果。

三、数字化媒体技术

数字化媒体展示设计以传统方式无法抗衡的互动性、综合性和强烈的现场感、更符合信息时代人们的阅读方式，深受大众的喜爱。

1.环幕动感4D影院

动感4D影院是在3D立体影院的基础上加环境特效模拟仿真的动感效果而组成的新型影视产品。所谓4D影院，也叫四维影院，即三维的立体影院和周围环境模拟组成四维空间。观众在看立体电影时，随着影视内容的变化，可实时感受到风暴、雷电、下雨、撞击、喷洒水雾、扫腿等身边所发生与立体影像对应的事件，使观众在观看动感4D影院时有身临其境、惊险刺激的感觉，同时感受科技给人们生活带来的娱乐性和趣味性。

球幕由于布局不同分为水平式穹幕和重力式穹幕。一般用于天文馆、科技馆及学校的多媒体实验室。

2.360° 影院

360° 环幕全视景展映系统在国际上称为360° 环幕电影放映系统，主要由360° 环幕银幕、环幕放映系统、多组投影同步控制系统、无缝融合技术和曲面变形处理系统、系统播放及集成控制系统、音响系统以及相关的360° 特殊影片组成。

环幕特效:环幕、弧幕、折幕、纱幕、雾屏投影等。

3.多点触摸系统——桌面、地面投影

地面投影是一种全新的投影展示方式，利用高流明投影机将影像投射在普通地面上，这些影像可以是一个水面、一片落叶地、一片雪地等常见的景观，当有人从投影区域上走过时，地上的影像会根据人的位置进行一些奇妙的变幻效果，地面投影技术主要应用了计算机的视频捕捉以及计算机图形图像处理技术，由图像采集设备捕获人的位置信息并传递给计算机，计算机对这些信息进行处理，并驱动影像进行相应的变幻。桌面投影是地面投影方式的一种表现方式。

桌面、地面投影技术可应用于各种科技馆、博物馆、展览馆、临时展览等。

4.互动地图、沙盘投影

在多媒体触摸屏上安装查询控制软件以及多媒体介绍短片视频，计算机通过控制电路与地图、沙盘上的灯光电路连接，并且将计算机输出视频信号输出到投影设备上，播放多媒体介绍短片，计算机还与激光打标设备连接，控制激光打标设备在地图、沙盘上打出不同的文字及图案。

当没有参观者操作时，系统进入自动演示模式，当有参观者操作触摸屏时，系统进入交互演示模式，可由参观者选择中、英文方式，通过点击触摸屏的方式进行交互演示。

5.感应电视墙

特定区域地面安装感应式地板，相邻墙壁吊以多台液晶显示器。进入地图区域，踩到相应重点介绍点的地板时，针对该区域的相关视频介绍就会在墙壁镶嵌的液晶显示器中播放。

6.手机导览

手机导览是通过手机遥控技术和大屏幕投影技术相结合来实现的，观众首先看到大屏幕中有很多数字符号在飘动，每组数字都代表一段视频，每一段数字代表一段视频；观众可以通过自己的手机发送一组数字到指定号码，就可以触发大屏幕播放相应的视频短片，这种新型的遥控技术极具互动性，使观众可以在娱乐之余了解到馆方想传达的思想。

7.幻影成像

幻影成像技术是一种将真实场景与虚拟景物叠加到一起，从而生动再现各种不可再现的生动场景或者是一些无法让参观者到实际场景中去体验的场景。它可使历史事件、历史人物以及现代文明等在特定的艺术环境中真实地再现出来。

幻影成像技术主要以仿真场景模型以及受控艺术灯光为主题，利用光学错觉原理，将在蓝背景摄影棚以马斯克摄像技术所拍摄的景象，包括人、物以及部分道具场景与布景箱中的主题模型进行影像合成，营造出一种场景复原的景象，使参观者能够看到逼真的影像。幻影成像技术可以应用于各种科技馆、博物馆、城市规划馆、企业展厅等固定的展览展示场合。

8.全息影像

基于立体投射镜成像原理，通过立体成像仪的处理，产生悬浮在空中的三维光影成像。立体成像可以是静止的，也可以是连续的图像，或者是高质量的经过立体处理的视频。观众可以围绕光影仪360°走动一周来观看悬浮在投射镜空中的图像。我们可以用这种手段来展现一些历史文物，让观众全纬度看到文物的影像，同时也不会毁坏文物本身。

9.虚拟翻书、语音定向

桌面上有一本翻开的虚拟图书，伸手做出翻书的动作时，会惊喜发现这本虚拟图书竟然真的可以翻页，并展示出栩栩如生的动态翻页效果并伴有声音。模型旁配有两个按钮，观众可以用来选择不同书的内容。

第三章　博物馆展陈空间设计

本章重点 >>

文博展馆展陈主题空间的艺术设计。

学习目标 >>

进一步了解现代文博展馆空间的设计，培养设计创意思维。

建议学时 >>

12学时。

第三章　博物馆展陈空间设计

在现代博物馆陈列布展设计中，陈展空间成为陈列内容与观众对话的一种媒介语言，典型的场所空间将需要传递的信息展现于公众面前。成为连接公众与陈列内容的媒介，是内容的承载体。

第一节 ///// 设计总体构思

设计总体构思一般是指博物馆陈列布展的总体设计思路和全面规划。包括陈列主题及基于陈列内容的确定，陈展空间的整体布局，陈展效果和艺术风格的把控。总体设计贯穿于整个工程建设和陈列布展的全过程，并已扩展到博物馆的建筑设计和外环境的整合设计中。

博物馆陈列布展的总体设计构思需基于展馆的类型和功能而展开。不同类别的博物馆其馆陈属性和展陈主题不同，必然要有与相协调的展示设计风格、手段和形式。大量的资料收集、归纳、分析；准确的主题定位；合理的功能使用，展示材料、技术手段的合理选择，设计方案的可实施性。这些是我们在总体设计构思阶段需要综合考虑的。

一个大型展馆的陈列布展设计一般包括以下几大部分内容：博物馆的建筑及外环境的整合设计与景观规划、博物馆的陈列布展设计、辅属功能空间的设计及服务设施的完善等。

展馆的陈列布展设计要解决的主要内容：展馆平面分布、参观流线、陈展空间设计、展馆总体的色调、版式设计、照明形式、装饰材料的确定，其他的专项技术设计以及整体艺术效果的把握和推敲等。

由于博物馆展陈空间常常受建筑空间结构的制约。因此，现代博物馆展陈设计一个侧重点就是要准确地处理好博物馆的陈列内容体系、容量、参观序列、流线与建筑空间的合理逻辑关系。此外，博物馆展陈空间设计需严格按照无障碍设计标准进行，展厅安全消防通道设计要符合博物馆安全、消防、保卫等方面的要求与规范。

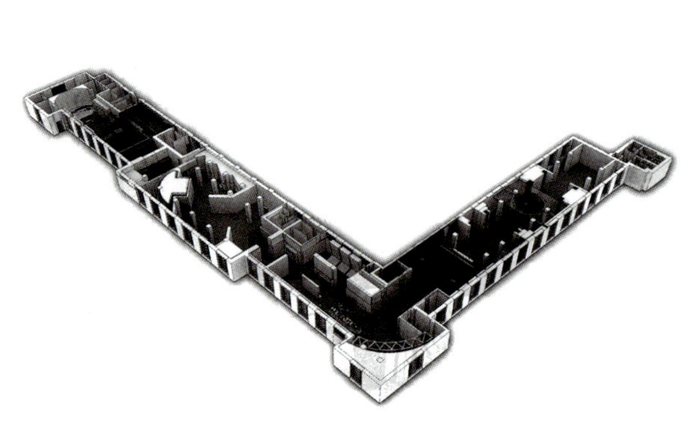

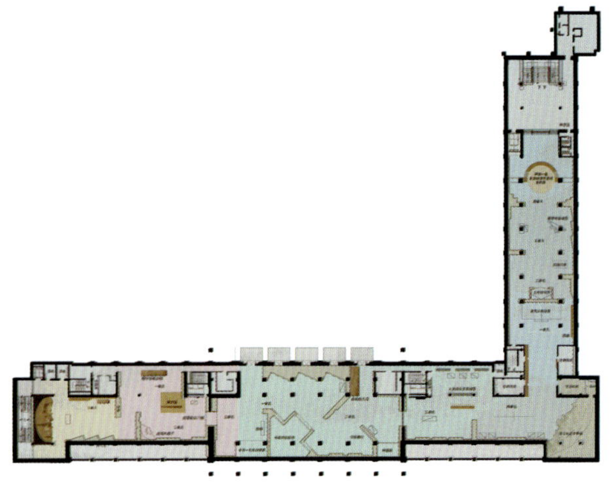

第二节 ///// 平面规划布局

一、功能区域划分

展陈空间的规划，需根据脚本的要求，从宏观的角度来分配展陈内容的位置和面积；安排和组织观展空间的序列；确定观众流线、功能区域分布。空间的布局和安排应满足参观者的生理及心理两个方面的最佳需要。

根据观展的时序性，大型展馆空间功能区域可分为展馆外环境空间、博物馆展陈空间、辅助功能空间及室外展场等几大序列空间。

设计中可根据展陈内容、观众及内容对顺序性的要求决定平面布局，并从观众参观顺序、人流速度、展陈空间、滞留空间、场景设置、各展厅之间的联系以及展墙、展板的布置，展柜与展台分布等多个方面进行统一考虑。设计师可以用各类总平面和平面分析图示方式来表达展陈空间、公共空间与主要交通空间之间的关系，可以采用轴测图或鸟瞰图的方式来展示各展区之间的空间关系，对主要展陈区或重点展区进行分析。

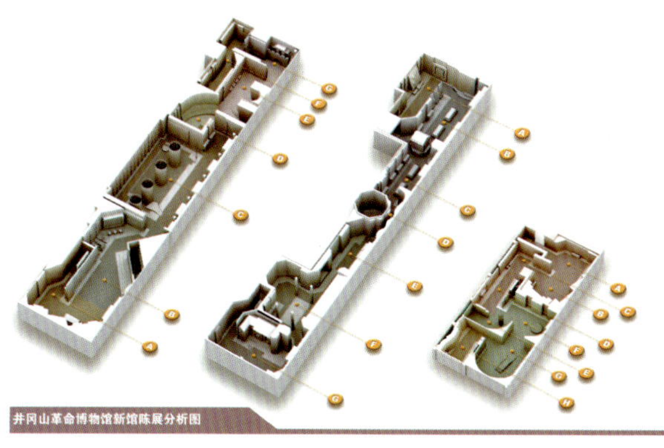

井冈山革命博物馆新馆陈展分析图

二、观展流线设计

观展流线设计应注意与内容的关联性、与平面布局的呼应性，依据展陈内容所具有的内在秩序性，可通过对序厅、展陈重点、尾厅等核心空间的统控，使整体展陈序列左右连贯、有张有弛、富有节奏。此外，重点陈列内容是构成展馆空间观展流线的核心与焦点，设计中要视其主次、体积、面积情况，尽量将其调整在展馆中的最佳位置。

参观路线与通道宽度的确定与展出内容对顺序性的要求、观众人流的多少有直接关系。历史类博物馆对展线的顺序性要求高，观展路线设计要求连贯性强。而科技、科普馆以及一些专题陈列馆一般不要求严格的时序性。参观的人流量大，参观通道必须宽大，参观人流少时，参观通道可以窄些。另外，有些展品除近看之外还需要退远观赏，因此参观通道也要宽些。通道宽度设计以8～10股人流计算，主通道宽度不小于4m。

人的观览路线一般是顺时针方向，设计的原则是为参观者提供一条合理、便捷、顺畅且易于识别的引导性参观流线。避免参观路线的交叉、逆流。同时，设计中需考虑参观者可以根据自身的兴趣来自主选择观展路线。

三、观展节奏控制

在观展过程中，人是在运动中体验空间的，其观览行为是流动而多视点的，基于这一动静结合的展示活动规律。展示空间的设计必然要利用动态与静态的空间组合形式来调控和引导观众的观展行为和情绪。这就要求展陈空间序列处理犹如音乐般流畅，通过对空间序列轻慢缓急、抑扬顿挫、分明有致的把控，让观展者的观展节奏张弛有度。

一般来说，国内博物馆的整体展陈设计是通过序厅、陈展重点、亮点场景及结束厅等几大序列空间来调控观展节奏的。并在展陈效果上应形成凤头、熊腰、豹尾的艺术效果。

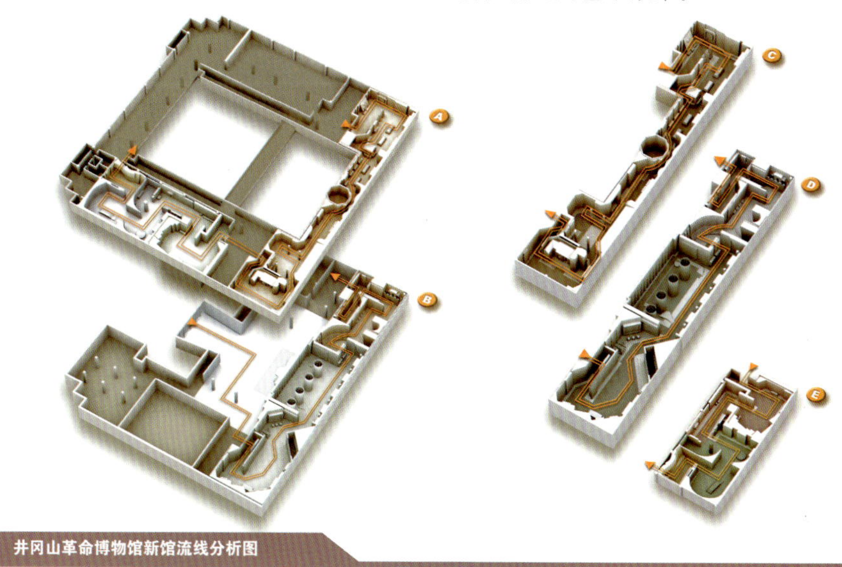

井冈山革命博物馆新馆流线分析图

第三节 ///// 展陈空间设计

作为实现博物馆社会功能的展陈设计，其陈列布展设计本身是一个充满创造性的设计过程，是根据当代的设计技术要求，博物馆建筑空间特征，陈展内容，结合一定的地域性、时代性进行的鲜明个性特色的创造。

人们喜爱和认同某个博物馆,是因为它们使人们在物质和精神上获得了一种收益和满足。例如,历史博物馆为人们提供了一个切身感知博物馆丰富的馆藏文物,解读其蕴涵的深厚历史文化信息的具体展陈空间场所,因此,博物馆陈列空间的设计,不仅仅是从视觉上创造完美感。如何把观众的情感需求,审美追求,精神境界客观化,即用空间的形式和语言将它们表现出来,在充分考虑到人的观展需求等因素的前提下，将陈展内容在一个个真实而具体的展厅空间中,生动形象地展现出来，是陈列空间设计的真正意义所在。

陈展空间的特性

1.空间的开放性与流动性：

博物馆展陈空间是一个面向公众开放的空间，在这个高度开放的空间中，空间并非只是一个局限于三维立体的场地空间，对观展者而言，在展厅空间中走动，时空不断在变化，观看角度与位置在不断变化，人的观展行为是以一种动静交替的过程性活动进行的，观众通过调动视、听、触、嗅等多感官，在动态的观展过程中来全方位地获取展场空间所传达出的丰富信息，观众的观展行为及过程呈现为一种自主、流动和动态的特征。

2.空间的专属性与观展的时效性：

博物馆展陈空间存在于专属的展馆建筑中,而非一般的临时或公共空间环境中。博物馆展陈空间设计属于永久性陈设,其馆陈空间的改扩建周期一般为十年。

观展的时效性是指人们的观展活动是在一定的时段内进行的。

3.空间的文化属性：

在博物馆陈列布展设计中，除了要合理解决展览功能和常设的工艺技术问题之外，更重要的是赋予展陈空间以特定的意境和文化气息，展陈空间设计需要

深入挖掘博物馆的文化内涵、着力呈现展陈空间的主题和属性，要强调空间整体气氛的营造和观展者的情感体验。

4.空间的延展性：

空间的延展性主要体现在两方面：①从实体限定空间向无限时空环境的拓展，这种意识转变强调的是人的参与和情感体验。②从实体空间到环境心理空间的延展。这一转变导致了从研究构成空间的限定实体界面与空间容积的关系转向研究人与空间及其界面的关系上来。

第四节 ///// 基本陈列空间设计

在博物馆的整体建筑空间中，基本陈列空间所占空间比例较大，此空间是博物馆观展活动的主体空间，是博物馆陈列展览及馆藏文物的主要载体空间。

博物馆基本陈列空间的一个根本使命，就是把博物馆的馆陈特色、陈展内容、主题精神予以揭示、彰显，使博物馆陈列空间、展品与环境共同构成一个具有显著特性的统一整体。这一陈列展示空间的创造是陈列展品、空间形态、观展人群的有机结合。

基本陈列空间的设计需强调展陈空间自身的展示功能。避免空间成为一个摆放文物展品的单一中空容器。设计应围绕展陈内容、主题、馆陈特征来进行形式创意设计。通过对展厅空间形态、展品陈列、展具、灯光、色彩 、材料、多媒体技术的综合设计，使每个具体的展陈内容和主题都有一个与之相适宜的展示空间。实现展陈空间与陈展内容的互为映衬、融合，达到相关资讯的多维交流和有效传播的目的。

基本陈列空间一般是由文物展品、立面展板、展墙造型及各类陈列场景空间构成。设计中如何实现人与展品、空间的互动以及光、色、材质等展示设计要素之间的对话关系。呈现出空间的灵性，往往是设计成败的关键。一个好的展陈空间必须具有最佳的展示环境场所、高效的空间使用、舒适的视觉观感和独特的展示艺术效果。空间的限定，空间的功能，空间的节奏，空间的拓展是展陈空间设计的切入点。

一、基本陈列空间设计要素

展陈空间创意设计。

文物、展品陈列与展具设计。

灯光与照明设计。

图文版式设计。

多媒体与数字信息技术运用以及材料运用与施工工艺等。

二、设计要解决好以下一些问题

1.平面布局应做到顺序性强、看得全，要尽力减轻观众的疲劳程度。同时，主次通道的宽度要适当，应符合消防、保卫等方面的要求与规范。

2.善于发现并合理使用新材料、新工艺、新技术来创造新颖的空间形式。立面展墙的造型应简洁，具有鲜明的个性。

3.陈展内容的安排应力求主次分明、条理清楚。围绕展示主题，确立展具、照明、装饰、材料、工艺、表现媒体等设计要素。

4.陈列展品、图文展板、标题文字、视频影像，应当从人体工程学的角度，充分照顾到视觉生理在视力、视野、视角、视距、视觉容量、视觉感知度等方面的舒适度。

三、展厅空间立面

展墙空间立面效果通常都是通过二维及三维的深度感体现出来的。因此，展墙空间界面的造型、饰面材料以及依附其上的图文展板设计是体现和丰富展陈效果的主要手段。

四、文物陈列空间

以大型文物、重点展品结合图文展板、多媒体影像为主的文物陈列空间。

五、陈列场景空间

根据文物展品的内在关联性，常常将将文物展品陈列于与之相关的特定空间环境中，利用展示道具，通过创造出真实感极强的场景，表现展品存在或应用的特定环境空间，形成大型场景化的陈列空间。

设计布置出古代造船制作场地的环境，周围摆放造船的生产用具等，临场感就很强。

大型绘画结合置景、展品创造出的情景化陈列空间。

中国军事博物馆的古代兵器陈列。

大幅背景历史图片与历史人物塑像构成的场景化陈列空间。

第五节 ///// 展陈主题空间设计

主题展陈空间是观展者与展陈内容产生交流、沟通、接受的情感空间，是观展者解读展陈主题的媒介和载体。在展陈空间设计中，不同的展示主题必然要有与之相协调的陈展手段及设计形式，展陈主题是决定博物馆展陈基本特征和基本信息的指南。

在博物馆的观展过程中，观众是以其感官（视觉、听觉、嗅觉、味觉、触觉）来获取博物馆的各种信息、感受博物馆的特殊体验。因此，陈展的主题及内容应以一种观展者易于接受的空间形式呈现出来，以求达到对观展者心理与行为的有效引导和影响。

作为展馆的展陈亮点，展陈主题空间是陈列布展方案设计的重点，在展陈主题空间的设计中，主题空间的特征、基调和氛围需依据陈展主题来确立，设计中，从整体的展陈空间效果营造，到材料的选用、色调的把握以及展陈形式语言和展陈手段的运用，都应较好地表现其展陈主题的实质。成功的展示主题空间设计应是对展陈主题内容的一种全方位、多层面的全新诠释。并以富有创意的空间形态和新颖的艺术形式来引人入胜。

在博物馆展陈空间设计中，常通过对“主题空间”的重点设计，使之成为展馆的统控空间，达到以点带面、调控观展节奏的效果。展陈主题空间创意设计一般说来是围绕主题的形象化表现和主题的准确诠释，从情感、感官和形态等多层面展开的。为确保设计创意不偏离主题，需要设计者拥有丰富的设计资讯素材和对观展群体、陈展内容、设计要素等全方面的深入了解和准确把握。同时，展陈主题空间的设计风格定位、艺术形式、展陈手段和新媒介技术的运用都应与主题表现相协调。

一、序馆或序厅空间

序馆或序厅空间作为观展人流的集散空间，具有将建筑外部空间与展陈空间予以衔接的功能，同时也承载着点明展陈主题的空间特性。

序厅空间的设计与创意，要求立意不俗，形式新颖。多以艺术展陈手法，如主题雕塑、浮雕创作来营造富有独特个性的空间，体现展馆的属性和展陈主题。

设计案例

平顶山惨案纪念馆

设计基于序厅独特的建筑空间形态展开。序厅高墙下方，一组写实的高浮雕真实地再现了日本法西斯屠杀平顶山村民的情景。一块残存日军血腥屠杀罪证的遗址地砺石穿插墙体中，如同一块见证历史的巨大墓碑。

井冈山革命历史博物馆

作为承载着历史和文化积淀的历史博物馆，在陈列设计之中，常常运用隐喻性的视觉符号强调它的历史性与文化性。

在井冈山革命博物馆展陈设计中，就大量地运用了这一设计手法。设计从井冈山革命老区独特民居、地域文化中提取出天井、黄墙、木梁、柱、门楼、青砖等建筑形态、纹样材料及这些传达出丰富情感的设计语素。巧妙地呈现出井冈山革命老区淳朴的地域特征、人文内质。使由此构筑的新馆展陈空间环境品质与井冈山周边其他众多的革命旧居纪念馆在空间形态上的保持和谐统一。与此同时，红旗、红星、枪杆子、井冈翠竹、梭镖等革命象征性符号的运用有力地强化了展陈主题内容，使观众在这一陈列空间中与历史、环境产生了对话。

中国三峡博物馆——重庆大轰炸陈列馆

以序厅正面的主题浮雕体现大轰炸的展馆性质，浮雕以俯视的视角将日机轰炸的场景展现于参观者的眼前。投弹的日机、被撕裂的大地板块和其间隐现出的死难者，给人以强烈的视觉冲击力和心灵震撼力。

中国文字博物馆

置身于序厅之中犹如置身于文山字海之中，为其强烈氛围所感染，中国文字的无穷魅力引导着观众有兴趣地步入其他展厅。

设计序厅通过对中央大厅两侧壁面及地面的巧妙处理，将汉字久远的历史和独特性和中国文字的多民族性予以充分展示。力求以最典型、最直观的馆陈空间形态诠释出大纲所确定的序厅主题内容。体现文字博物馆的历史厚重感。

大厅两边是与主题雕塑相呼应的巨型文字墙，上面放置了大大小小、层层叠叠的500个常用汉字字模，突出了展馆主题，感官上具有强烈的视觉冲击力。大厅的地面雕刻着流金常见的中国姓氏（百家姓）铜制地饰镶嵌在地面上，人们在找寻对应自己姓氏的同时增加了观众参与的乐趣。序厅周围的墙壁还放置着中国60多种民族文字的雕刻作品，以表现中国文字的多民族特性。

二、大型复合场景空间设计

运用各种媒介和陈列手法来再现历史时空，利用典型的空间场景来定格历史瞬间的永恒和传递丰富的解读信息。

以大型场景绘画、置景配以声、光、电等高科技技术手段，通过视觉、听觉、触觉等多感官体验来再现展示复原场景空间。如原状陈列复原场景、景观艺术场景、情景再现场景等。

1. 原状复原场景

一般来说，历史场景复原陈列应该严格地按照翔实的历史事实记载进行，原状陈列应以严谨、科学的态度还历史以原貌，给观众身临其境的真实感。

2. “沉浸式”景观设计

强调展览效果的真实性和观众的临场感，通过艺术展陈手段创造出的景观场景再现，给观众身临其境的现场感，多感官的空间体验和参与其中的共享感。

设计案例

井冈山革命历史博物馆——黄洋界保卫战

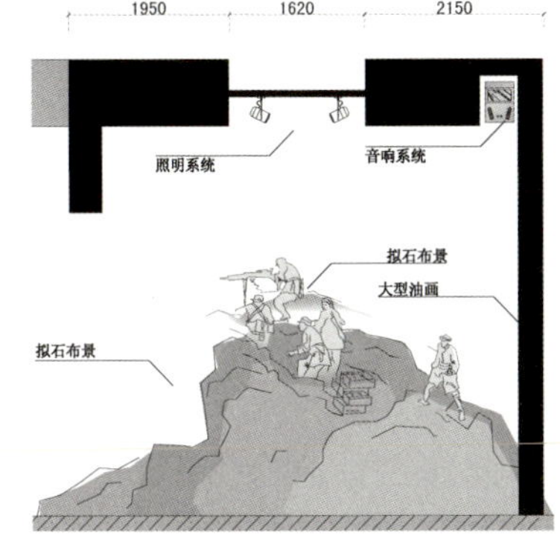

3.情景再现场景

由仿真高分子硅胶塑像，配以复原景观场景及现代多媒体影像合成营造的展示空间，给观众身临其境的空间体验和真实历史空间的视觉意境。

设计案例

井冈山革命历史博物馆——彭德怀慰问群众茨坪送银元创意构思：

设计通过真实的环境场景再现，运用写实的雕塑语言，将一组等大人物的主体群雕置于展陈空间中，置景与展陈空间浑然一体，观众与群雕近距离的接触。有利于观展者真切感受当时的军民鱼水情。

井冈山革命历史博物馆——挑粮上山场景再现：

三、交互式场景空间

以现代多媒体技术为主要展陈手段的交互式展示空间。如虚拟再现场景、体验式展示场景、介入式场景、幻影成像场景等。

1.虚拟再现场景——虚拟的空间使人心理和想象空间扩大。

2.体验式展示场景

设计应该具有很好的互动效果，感染力和视觉冲击力强。同时，互动展项中的应用技术要相对成熟，具有较好的可操作性和稳定性，设备设施易于维护，具有较好的性价比。

设计案例

井冈山革命历史博物馆——红军长征从于都出发

采用动静结合的观展空间序列组合设计，将展陈内容分为长征从于都出发；过雪山草地和从延安走向全国解放三个展示段落。

红军长征从于都出发:运用实景造型、投影图片、背景浮雕展陈形式。将观众带入红军长征从于都出发的立体场景环境气氛中,形成一个动态观展空间。

过雪山草地，运用蒙太奇的映像展陈手法，由新媒体影像技术和声、光、电技术设计营造出的雪山草地场面将给观众强烈的临场感和真实感。

3.幻影成像

幻影成像是近年来博物馆、展览馆设计中运用的一种辅助陈列手段。整个展示系统由立体模型场景、光学成像系统、影视播放系统、灯光、音响及自动控制系统组成。

幻影成像中的影像制作将通过实拍或三维数码制作手段共同制作完成，充分表现人物的生活形态，场景模型、人物影像与灯光的相互转换，给观众以视觉上的冲击。这种表现形式新颖直观，可以给观众留下深刻的印象。

赵尚志纪念馆——幻影成像《最后的战斗》

四、艺术场景空间

强调展示空间的艺术性和创意性设计，这是人们在对物质的需求得到相应满足以后，所体现出来的一种精神层面的需求。在当今，展示设计艺术已成为人们社会生活的一部分。观众参观陈列展览的过程是一个汲取知识的过程，也是一个审美的过程。通过对展陈空间的艺术化创造，可更好地突出展陈内容、弘扬主题精神。

由绘画、雕塑、多媒体影像制作等艺术手段创造出的大型艺术场景空间，可将有限的展陈室内空间拓展为深远的视觉空间。艺术场景主题空间主要包括全景画、半景画等大型绘画场景和雕塑艺术场景、景箱等。

大型复合场景的制作，一般的设计图纸常常难以表述得完整，制作过程的艺术效果把握需要设计师的现场指导，一些艺术效果的创造有待于设计师、艺术创作者在制作的过程中予以完善和深化。

1.全景画艺术

全景画艺术属于大型的综合艺术，集文史、绘画、建筑、造型、服饰、视听艺术等多学科为一体，是大型写实油画与建筑设计、立体置景、灯光音响设计等众多艺术门类的有机结合。

如何将历史的真实场景再现、还原并提升至艺术的真实，创作人员需要大量收集有关的历史资料、有关书籍、回忆录、地图图片，收集有关的创作素材，深入历史事件发生的现场，进行实地的深入考察，寻觅形象和感受，观察实地的历史残存遗痕，经过艺术的提炼和加工，使创作中的每一个情节、细节都经得起历史的考证。

设计案例

济南战役全景画

由立体声环绕音响系统和多媒体影像合成技术创造出的动态硝烟、炸点、火光等声光特效，结合全景画，仿真实物、道具等，将原本静态的历史战争画面真切地还原再现于观众眼前，给人以身临其境的时空真实感。

2.主题雕塑空间

是表现历史博物馆陈列内容最为直观形象的展陈艺术形式。以纪念记载重大事件及人物为主题的雕塑，以其鲜明的主题极具张力和视觉冲击力艺术形象，给人以精神的激励和美的享受。

设计案例

井冈山革命历史博物馆——“上山，下湖，拿起枪杆子保卫革命”雕塑场景

平顶山惨案纪念馆

创作主雕运用写实与抽象相结合的创作手法，通过具有抽象意味的雕塑主体造型和一组写实人物雕塑，将日本法西斯在中国制造的第一起大规模屠杀无辜平民的历史史实予以揭示，揭露日本法西斯的残暴，传递死难者的苦难挣扎，给观众以强烈的震撼。

雕塑主体造型如同一本翻起的历史残页书册，主雕中央一组写实人物雕塑再现了惨案发生的瞬间场景，殉难3000余人的血腥数字将警示后人永远铭记这段惨痛历史。

高耸挺拔，有警示钟寓意，又有双手合十期盼和平之意的“人”字造型主体雕塑，结合写实背景浮雕传达出一种深沉、凝重而崇高的空间氛围，体现出对死难者的深切哀悼，对历史惨案的反思，对和平的呼唤。

3.微缩景箱及模型

设计案例

井冈山革命历史博物馆——八面山哨口军民垒冰筑阵抗敌场景：

设计构思运用场景展示和抽象的对比手法来创造重点展陈场景。

焦土般的残墙断壁、倾斜的展墙、大折板的顶棚造型，营造的昏天黑地，压抑、沉重的展陈环境气氛，将八面山哨口重点场景反衬出来。

哨口军民垒冰筑阵布景采用背景画，仿真微缩人物塑像结合地面塑型及声、光、电等现代科技手段，将军民不怕牺牲、垒冰筑阵抵御敌人疯狂进攻的感人场景真实地再现出来。

第六节 ///// 辅助功能空间设计

博物馆辅助空间的内装设计，重点在于创造一个能充分展现博物馆文化内涵、独特空间品质的公共场所。设计应强调艺术性与功能性的完美结合，通过装饰陈设、景观植被、艺术小品以及配套服务设施的设计来带动和提升整个空间大环境的品质。

一、辅助功能空间

辅助功能空间主要包括学术报告厅、演示厅、贵宾室、文物库房、接待室、休息区、商业服务空间、办公室等展馆附属空间。

停车场、售票、咨询引导处、小件寄存处、书店、餐厅、休息区等服务空间也属于博物馆的辅助功能空间，它在整个建筑空间序列中起着配角作用，是展陈空间的衬托，服务空间一般都作为形象简洁的中性空间来设计。

二、商业服务空间及设施

当今博物馆已逐渐成为集参观、休闲、旅游为一体的文化消费场所。完善的商业性服务空间和配套服务设施是现代博物馆的一项主要指标。

博物馆商业服务空间的设置必须尽可能满足观众的需求，与博物馆的环境空间格调相适宜并具有文化特色。

同时，基于商业服务空间和设施是保障观众体验过程的舒适度与愉悦感的需要。因而博物馆需要具备多种形式的功能空间和服务设施，如各类餐厅、咖啡厅、特色礼品商店、信息查询设施、安全的停车场、坡道、活动场所、清洁的卫生间、休息厅以及残障人士所需要的设施等，这些为观众提供全方位服务功能内容是形成博物馆愉悦体验的基础。

第四章　博物馆陈列布展设计流程与施工

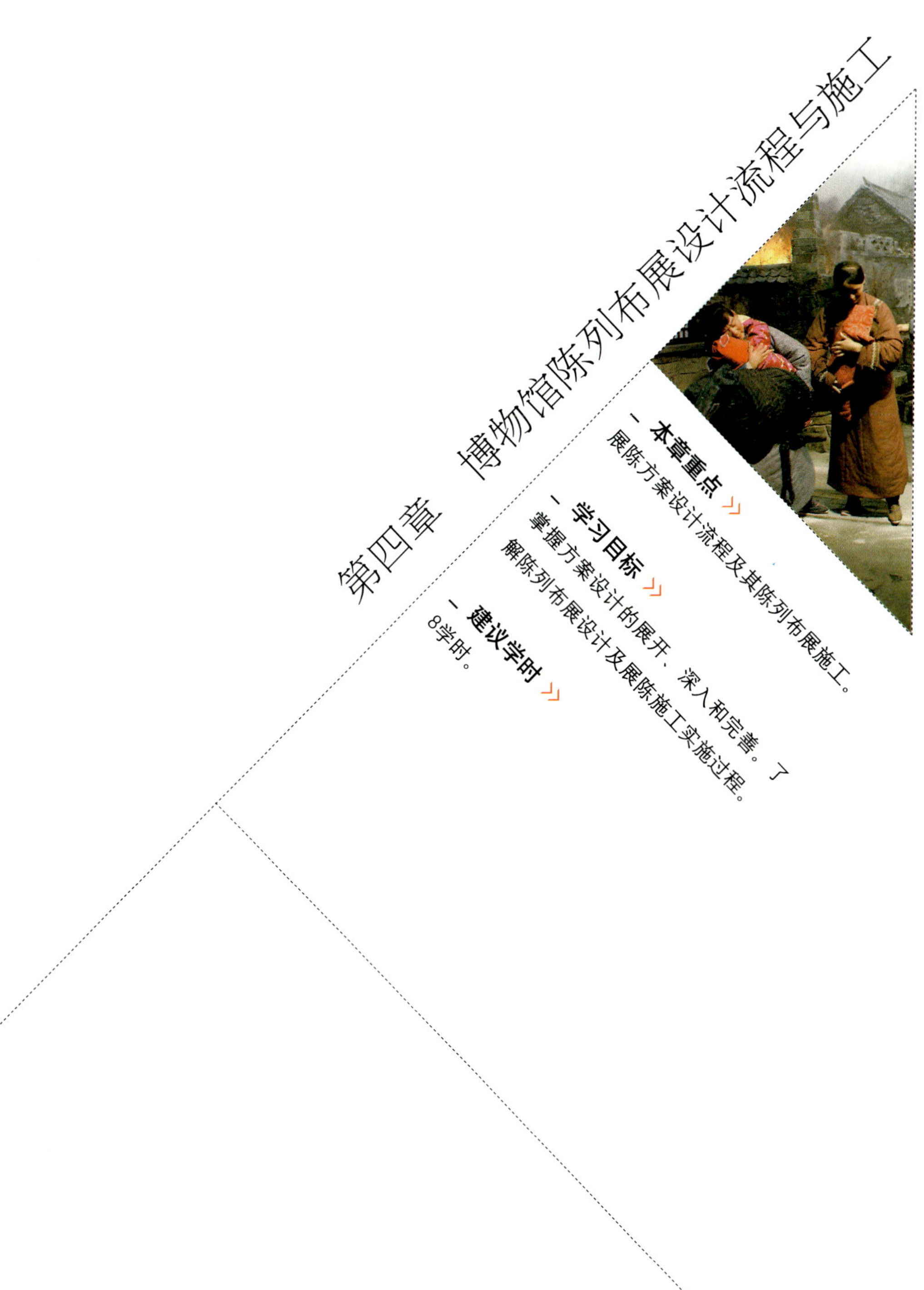

本章重点

展陈方案设计流程及其陈列布展施工。

学习目标

掌握方案设计的展开、深入和完善。了解陈列布展设计及展陈施工实施过程。

建议学时

8学时。

第四章 博物馆陈列布展设计流程与施工

一个大型展馆陈列布展项目的实施大致可分为：项目的立项与前期策划；展陈方案的初始设计与深化设计阶段；展馆的装修施工、陈列布展阶段；展馆运营中的调试及后期维护阶段等几个实施步骤。

第一节 ///// 项目的立项与前期策划

设计项目的前期策划，一般是由项目建设方组织专家、学者、项目筹备组的有关人员进行的。首先，建设方需对项目进行立项，完成项目的可行性报告的制订、申报和审批，其次，项目建设方需组织相关专家进行展陈大纲的编写，确定布展大纲内容，编写详尽的陈列布展大纲文字脚本。同时，组织人员整理、征集、修复陈列布展所需的实物展品、图文资料、影像资料和相关的设计素材。

展馆的总体陈列布展大纲文字脚本由文字编辑人员负责编写。需经初稿、讨论稿与定稿几个阶段的多次反复，最后形成指导性的布展大纲文件。

布展大纲编写内容主要包括：展示活动的目的与要求、指导思想与原则、展示的主题与内容、展品资料的征集与范围、展出规模与面积、表现形式与手法、艺术与技术设计、施工管理与要求、展出的时间与地点、总体方案设计要求及招标文本等。

展陈大纲所体现的结构和内容为设计提供了一个基本的框架和趋向，但不应成为限制和束缚设计的因素。陈展设计师应最大可能地发挥设计创作灵感，形成与陈展大纲相适宜，更加完善、合理的设计方案。

在此阶段，甲方可邀请有意向参与项目设计与建设的专业设计单位参与前期的项目策划，这有利于项目后续工作的有效展开。

第二节 ///// 展陈方案设计流程

目前，国内博物馆展陈设计方案的征集、筛选和确定，主要有设计招标、设计竞赛、委托设计等几种形式。大型博物馆的展陈方案设计及施工，一般是需要通过招标程序，通过专家对提交的投标方案的评审，从众多的设计和施工投标单位中来确定中标设计和施工单位。

一、项目设计前期工作

在展开一个项目设计之前，设计师首先需要对陈列布展总体设计指导思想和宗旨、布展大纲文本、文物及图文资料等进行详尽的了解。需要获取和收集设计必备的相关技术资料与数据。并到展馆现场进行认真的实地勘察，核对图纸与现场的各项数据，掌握现场的建筑结构和各种设施。设计师通过对展示内容、实物、图片数量以及布展经费、施工技术和制作材料等设计制约因素的全面了解，明晰展馆功能需求，提出合理可行的展陈手段和方法，确保设计方案的可实施性。并制订方案的设计进度计划。

设计过程中，主创设计师或项目设计负责人，需经常组织相关设计人员就方案的调整和深化进行讨论、交流，解决设计中出现的问题，寻求更有创意的方案，使设计方案更趋合理、完善。许多好的设计方案常常是在这种广泛、反复的讨论中产生并逐步完善的。因此，一个好的设计方案是一个设计团队集体智慧的结晶。

此外，方案的原创性设计是一个设计团队独特的设计理念和设计构思的集中体现。原创性并不是闭门造车的苦思冥想，它需要我们从大量的设计素材中和现实生活中提取设计信息，激发设计灵感。需要设计师具备比较全面的专业知识、丰富的设计实践经验和很强的专业设计技能。

甲方提供的设计图文资料

现场勘察及设计素材收集

二、初始方案设计

初始方案设计应在调查、分析、综合和判断的基础上，先放后收，广开思路，通过大量的草图方案梳理创意思路、推敲方案的得失，深思熟虑地从众多初创方案中筛选、优选出最佳方案，并不断深化、反复修改设计定案。

初始方案设计阶段需要解决的具体设计内容主要有：

首先，初步确定布展大纲内容及文物展品，图文资料在展厅中的分布，合理安排展线、确定观展流线。

其次，围绕展馆陈列主题、展陈大纲内容、馆陈特征，进行展陈空间形式创意设计。确定基本陈列空间基调，展开主题空间设计、陈列布展、装修施工工艺及技术以及多媒体与数字信息技术运用等主项内容的设计。

此外，展馆展陈主题及内容信息的表达形式，受众者接受信息的方式及其需求，这些也是我们在初始方案设计中需要全面考虑的。

投标项目需递交的方案设计文件内容：

初始的设计方案一般包括设计创意说明、展馆平面布局、陈展空间设计方案及效果图、版面设计小样和其他各类专项设计内容等。

在初步设计方案完成后，设计方需向设计委托方或招标单位提交一套完整的设计方案文本。以供方案评审和审议。

展示图板(规格A0－A2图板)、方案图册（规格A3－A4图册）、电子文件光盘、方案介绍（陈述）演示短片。并根据设计要求及方案陈述的需要来确定是否制作设计方案模型。

设计方案电子文件，文本文件一般采用DOC格式文件，设计方案效果图为JPG格式文件。施工图文件采用DWG格式。所有投标文件需密封提交，图纸不得标明本单位或个人身份的各种标志，仅在正本(原图)背面密封(非透明)应征单位或个人名称及联系方式。

三、方案扩初设计

在方案的扩初设计过程中，设计师应就方案的主题定位、陈列展览手段、展览空间分布、高科技技术的应用及施工工艺技术等问题与甲方有关人员及专家进行深入的讨论、广泛征求各方面意见，通过集思广益的交流和方案的反复修改，使设计方案日趋完善和合理，直至定案。

此阶段在对设计方案的展馆平面分布、参观流线、空间的组织与构建形式、展示空间的照明、色调、材料、版式等主要设计内容进行调整和深化的同时，需要对实施方案的造价、材料、结构、细部构造、施工工艺进行细化设计。进一步把握和推敲展陈亮点与艺术场景空间的整体艺术效果。设计过程中，设计人员还需要与空调、配电、预算及施工技术人员就设计中涉及的相关专项设计进行沟通、衔接和配合。

设计项目实例——中国甲午战争博物馆陈列布展空间设计

初始方案及平面布局

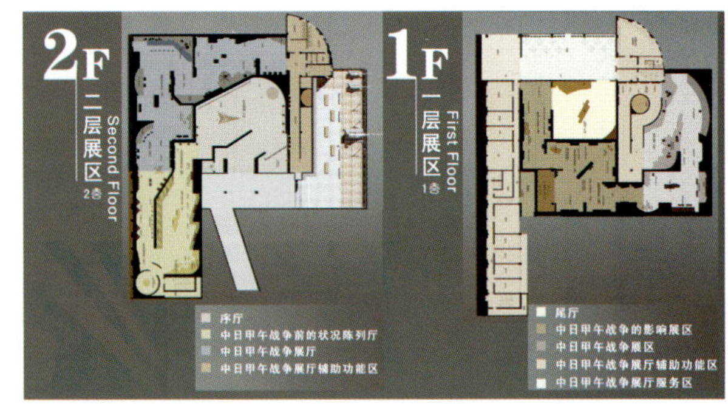

扩初设计平面布局调整

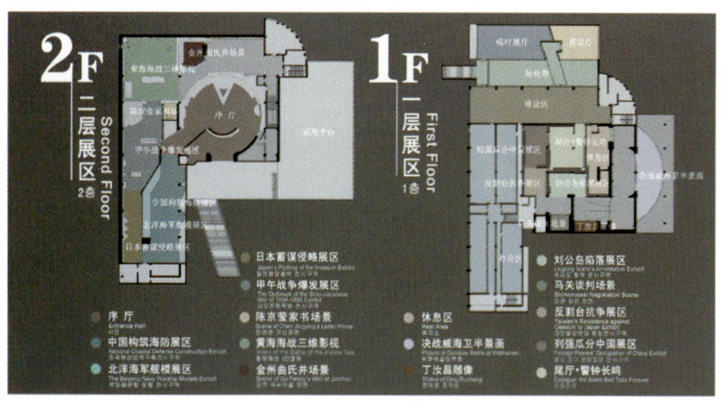

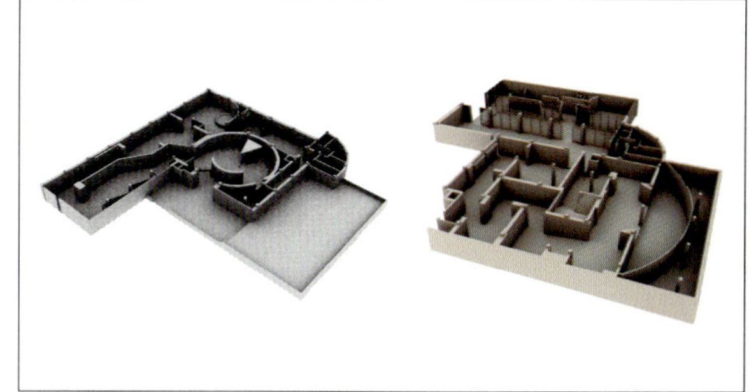

扩初设计方案调整及深化

设计方案评审

四、施工技术设计

设计方案通过评审、定案后，需绘制完成装修、配电、空调、安防等全套技术性施工图纸，作为施工制作的蓝图。

具体内容包括绘制标有精确尺寸数据、材料规格、工艺制作的平、立、剖、节点施工图及其他特殊设计的施工图。同时，确定主要制作、施工材料的规格、数量和辅助装饰材料的种类、规格和数量。并根据建设规模、设计标准及施工条件做出经费预算。

1.设计施工装修图纸。

设计单位需为施工单位提交全套装修、配电、空调、安防等施工装修图纸，进行设计技术交底，完成在施工过程中的变更设计。

2.空调、消防、配电等专项设计施工技术图纸。

3.其他工艺及其他专业图纸。

如展墙结构、标题展板示意图，连壁柜结构、文献上墙处理示意图，展柜开启及灯具示意图、柜托及文物固定卡具示意图等。

设计施工图纸

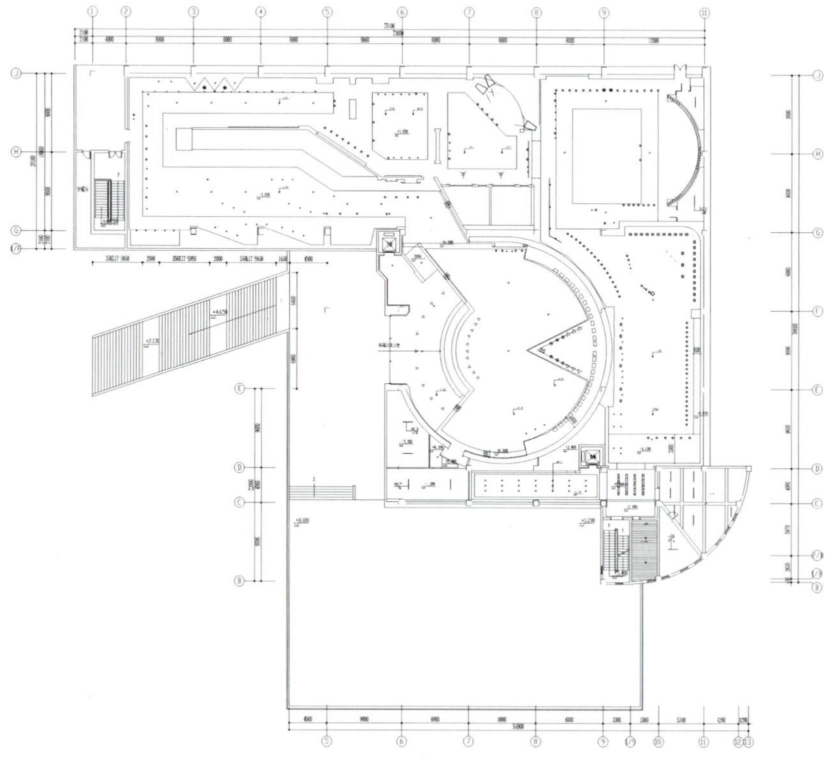

二层照明灯具天花平面布置图 SCALE 1:300

二层电力平面图 1:300

二层展厅D向立面D剖面图 SCALE 1:25

二层展厅D向立面E剖面图 SCALE 1:25

一层展厅D立面图D剖面图 SCALE 1:20

一层展厅D立面图C剖面图 SCALE 1:20

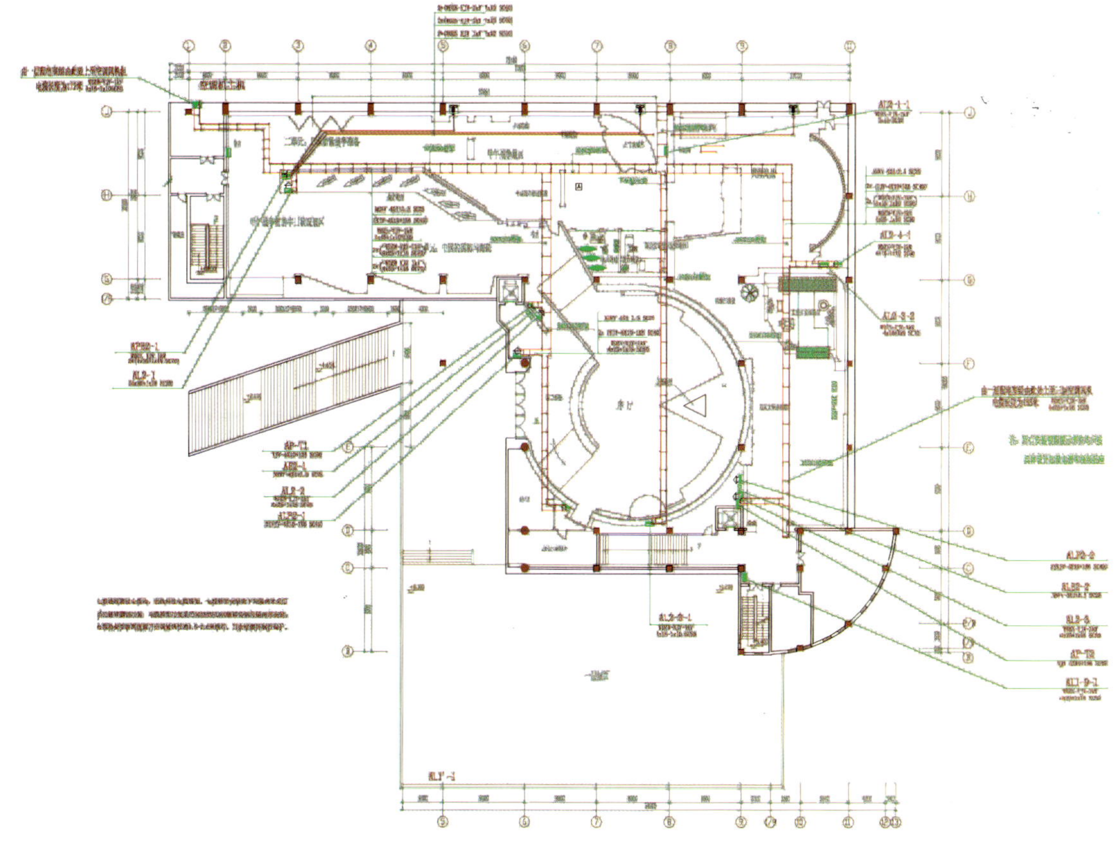

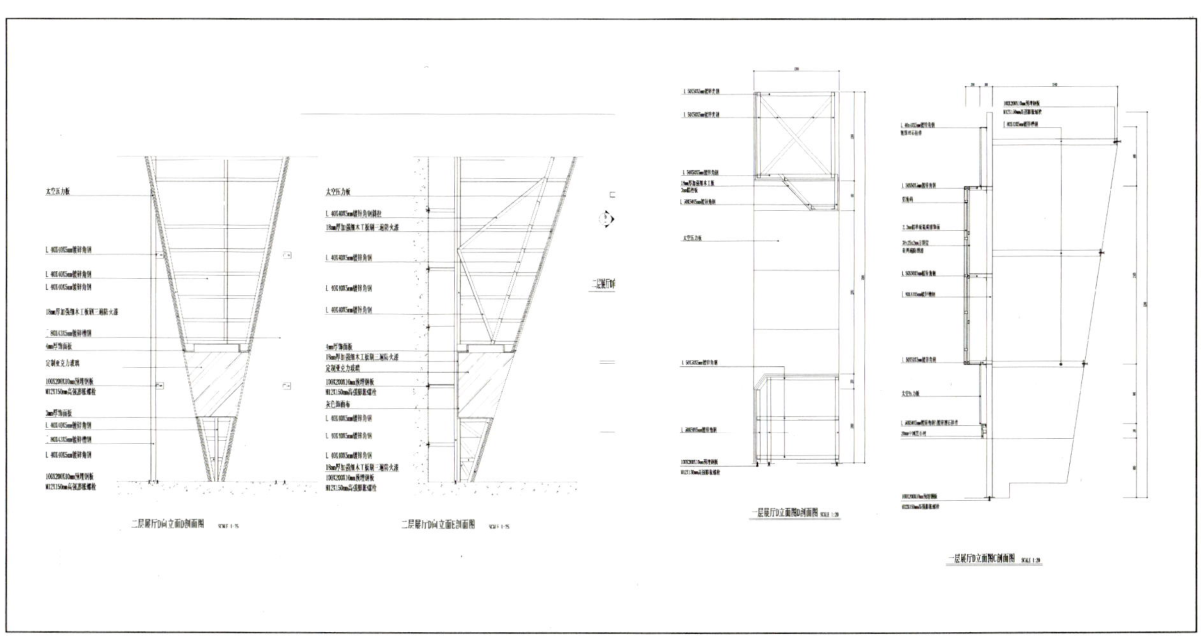

文物、展品的陈列，图文展板及展示传媒影像的制作

艺术场景空间的创造

创作素材

设计草图

场景制作

背景画绘制

仿真人物塑像及场景声光特效调试

实景

第四节 ///// 展陈效果的调整与评估

展陈效果的调整以及运营维护主要包括：施工中的展陈效果的调整、调试，以及在试运营阶段和运营中的局部效果的调整设计及设备维护。

展示效果评估是贯穿于展示设计和施工全过程的动态跟踪评估。设计方案及实施后的效果评估，有利于对设计及施工中存在的问题和不足进行及时调整和完善，为将来同类型的展示工程项目的设计和施工提供有益指导、积累经验。

展陈效果的调整

甲午战前的
中国和日本

战前的
中国和日本
PRE-WAR CHINA AND JAPAN

第五章　博物馆陈列布展设计项目实录

— 本章重点 >>

了解不同类型展馆空间的设计及施工。

— 学习目标 >>

结合实例解析，对展馆空间的设计、布展、项目的施工有更直观和感性的认识。

— 建议学时 >>

16学时。

第五章　博物馆陈列布展设计项目实录

中国甲午战争博物馆
——《国殇·1894—1895——甲午战争史实展》陈列布展设计

项目概述

中国甲午战争博物馆是以全面展示北洋海军兴衰和甲午战争历史史实的纪念遗址性展馆。博物馆展陈内容，广义而言，包含北洋海军、甲午战争历史史料陈列展示与北洋海军、甲午战争历史遗迹原状复原展示两大版块。而甲午战争史实展陈列馆是集中展示甲午战争历史史料的专题场馆。陈列场馆是将原甲午海战馆改造成甲午战争博物馆陈列馆，陈列馆建筑改建总面积7600平方米，陈列布展面积4000平方米。

陈列馆工程项目的改扩建设计内容主要包括以下几部分：

(1) 对原建筑室外广场设计。

(2) 室内布展从原有的甲午海战这一专题展览扩展为全面反映甲午战争历史的陈列。

(3) 在现馆南侧增扩了辅助性服务区及一个临时展厅。

(4) 对现有建筑外立面及周边环境进行了整合性设计。

《国殇·1894—1895——甲午战争史实展》的陈列布展，从设计到施工完成历经两年时间，在设计与布展的各个阶段，建设方的有关领导、专业人员以及国内相关的陈展专家和学者，给予了我们多方面的指导，使我们的设计不断得以完善、深化和实现，因此，从这一点上说，本馆的陈展形式创意设计是所有参与本项目的专家、学者和相关设计、制作人员的集体智慧结晶。

博物馆的改扩建形式设计创意及理念

1.鲜明的展陈主题表达和独特的馆陈个性彰显

甲午战争博物馆能给观众什么样的启迪和精神体验，对陈列馆基本陈列主题和空间属性的准确表达与诠释，是我们在形式设计中重点关注和予以解决的问题。

设计中我们始终遵循的指导思路是：既要全面客观地展现甲午战争惨败国耻这一重大历史史实，深刻揭示“落后就要挨打，腐败必然灭亡”的历史教训；

又要弘扬北洋海军爱国将士和广大民众在抵御外敌的战争中，所表现出来的民族气节和爱国精神。

为突显本馆独具特色的馆陈个性。我们选取了舰船管网、舰体甲板、舷窗、揽桩以及海岸层岩、陆岸炮台等设计语素，作为展陈空间、立面展墙、展厅吊顶的装饰饰面肌理、材质贯穿整个展馆。同时，展馆深灰色和铁锈色的空间基调，凝重而惨烈的战争氛围的营造，进一步烘托了军事战争类博物馆独特的空间属性。

设计中我们还适度地运用了现代高科技手段和艺术手段，将抽象的主题和战争的史实内容直观而形象地展现给观众，

2.现代多媒体技术和艺术手段的合理运用

现代展陈设计是强调观众的情感体验和参与性的，基于此，我们在展厅空间和场景的设计中，适度地运用了绘画、雕塑、场景复原、视屏影像等多种展陈手法来强化主题、再现历史真相，利用典型的空间场景还原来定格历史的瞬间。如互动感应式甲午战争形势图、左宝贵血战玄武门场景、陈京莹家书复原场景、金州曲氏井复原场景、马关谈判写实人物塑像复原场景、黄海海战三维影视、旅顺大屠杀大型浮雕、威海卫保卫战半景画多媒体复合场景以及《七子之歌·威海卫》多媒体合成视频等。

这些艺术场景给观众多感官的空间体验和身临其境的临场感，使观众对陈展内容易于接受和解读，不仅增加了可观性，而且提升了博物馆的展陈艺术品质。

3.开放式的文物陈列设计

充分发挥武器装备可触摸的特点，把与文物相关的历史背景史实资料串接起来，扩大陈列内容的涵盖面。以开放式、半开放式的陈列形式，让观众与陈列文物产生直接的、情感上的对话。设计中我们还注意挖掘文物内涵，将文物置于其产生的历史环境中，例如：围绕《经远二副陈京莹的一封家书》这一展陈内容，将当时北洋海军舰上的生活场景进行复原，并将吊床等陈列文物置于其中。文物、雕塑、真实的场景复原的有机融合，易于引发观众的参观兴趣。

4. “以人为本”的设计理念

在展陈设计中强调对人的关怀与关注，其本源就是一种深厚的人文精神，是博物馆自身深厚文化内涵的外在体现。陈列设计从关注人性的角度出发，通过先进的互动展示形式，完善的陈列设施和人性化的空间创造，来满足不同年龄、不同层次观展者的不同需求，处处体现出浓厚的人文关怀。比如，在展示陈列手段上，我们基于现代人的观展需求，摒弃传统的平面化、静态的线型陈列。通过开放式、半开放式的文物陈列展示格局，交互式、场景式、参与式的陈列空间设计，以及触摸屏、垂直投影、电子翻书、自动视听等多媒体技术、网络技术、现代声光电技术的综合展示手段，实现观众与陈展内容的深度互动。

在博物馆的服务功能和设施完善方面，增设了残疾人专用电梯，观众休息区，并对旅游产品开发等商业性服务空间和配套服务设施加以完善和拓展。使陈列馆成为集参观、休闲、旅游为一体的文化消费场所。

博物馆外环境的整合设计

依据该馆观众人流量大的实际现状，设计对室外广场进行了适度的改扩建。在博物馆外环境的改扩建设计中，通过增设亲海性的叠级台阶和一组极具视觉冲击力的沉舰舰体主题雕塑《海魂》，将广场空间与建筑形态及北洋舰队停泊水域衔接起来，进一步突显出甲午战争史实陈列馆作为刘公岛地标性建筑的地位。

在扩建后的广场空间中，由大门入口广场景观、“守望海疆”的建筑主体形态、广场大型沉舰造型铸铁主雕《海魂》及建筑二层平台的《甲午战争》主题浮雕墙，构成了一渐进式的烘托甲午战争历史氛围的序列空间，形成一条引导观众进入室内展陈空间、由外至内逐步递进的观展路线。同时，作为陈列展示的有机延伸，沉舰舰体的广场雕塑与展馆序厅中的沉舰舰首主雕构成呼应，使展陈主题空间向外部环境空间拓展、渗透。从而实现从外部环境到展厅环境的过渡，设计中我们充分考虑了博物馆室内展陈与建筑形态及其外部环境三者之间互为依存的关系，避免三者间的分离、冲突与对峙。

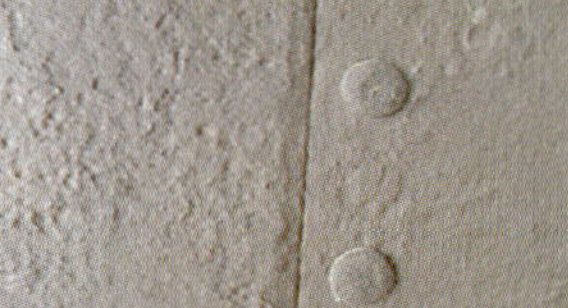

展陈空间设计

陈列布展结构以战争发生的历史进程为脉络，以时空转换为经、历史事件为纬。在表现宏观的历史进程的同时，又关注历史人物的命运，以史先行，以小见大，以情感人。

展陈设计采取了见事见人的表达手法，通过历史文物、历史照片、档案等史实文献的陈列，以及运用油画、雕塑、模型等艺术手段再现的历史场景，来真实、生动、客观地反映甲午战争这段惨痛的历史。既表现清朝统治者的腐败无能，也表现爱国官兵的浴血奋战；既表现军人为国尽忠的爱国情操，也表现普通民众不甘遭受凌辱、自尽守贞的气节；既表现惨痛屈辱的家国悲情，也表现奋起抗争的民族精神。

针对本馆旅游旺季观众瞬间超大流量的突出特点，设计充分利用展馆大跨度、高举架的建筑空间，为观众预留宽大观展空间和大件文物陈列区。按照人体工程学原理，设计中我们对标题版、图文展板高度和说明文字进行了适当的放大，使之与立面展墙尺度相适宜。并通过对展墙立面造型和展厅天花顶棚的艺术设计，丰富展厅视觉空间层次，创造沉稳庄重、恢弘大气、充满张力的展示空间效果。

1.主题序厅

序厅入口设计了一面弧形造型影壁墙，有两个功能，一是作为展陈主题墙，二是用来遮挡来自室外的自然光进入序厅。观众通过高差40厘米的缓坡道进入序厅，序厅中央是一座残舰舰首主题雕塑，耸立于由异型地面投影技术创造出的虚拟动态海水中，与定格于1894甲午年的残缺日晷、岩层肌理造型的背景墙，构成记述甲午战争历史的实证物；设计利用投影技术将甲午战争的历史图片投射于序厅背景墙的岩层肌理上，通过历史图片回放的形式，将观众的思绪带入百年前惨烈的甲午战场。

序厅悲壮、沉寂、凝重的空间气氛，让观众在短暂的瞬间获得深刻难忘的第一印象，从而激发起观众强烈的参观兴趣和欲望。

2. 第一展厅——《甲午战前的中国和日本》

本展厅的陈展内容是甲午战争的时代背景介绍，分为《中国构筑近代海防》《日本蓄谋侵略战争》两个单元，以《北洋海军舰船模型》为展示亮点，以北洋海军成军、中日海军建设截然相反的强烈对比为展示重点。设计着眼于现代人的观展需求，在充分展示现有馆藏大量珍贵文物的前提下，适度地增设了易于引发观众兴趣的展陈亮点，对陈列空间属性的准确表达和基本陈列主题的诠释是本展区予以解决的重点。

《中国构筑近代海防》陈列单元

本展区设计主调气势磅礴，厚重而不失明快，重点体现北洋水师成军之初亚洲第一舰队的雄姿。利用左侧厚重的斜向展板与右边舰船模型展示空间形成开阔的围合空间，比例为1：20的"定远"旗舰和其余主要战舰模型依次停泊于由声、光、电等现代科技技术创造出的虚幻军港中。展厅中央开放式的展品陈列易于引发观众的兴趣和参与性。

《日本蓄谋侵略战争》陈列单元

采用对比手法，揭示日本侵略野心，强化展陈主题。设计将日寇武力扩张、蓄谋侵略、挑起战争的历史图文资料置于展厅左侧一组犬齿形的灰暗展墙上。与右侧展墙慈禧挪用海军军费修建的颐和园场景形成强烈的视觉反差。通过对比的展陈手法将日本蓄谋侵略，清政府腐败无能的陈列主题形象地揭示出来。

3.第二展厅——《日本打开战争魔盒》

本展厅的陈展内容是本馆展示的重点核心部分，分为《启衅朝鲜半岛》《鏖战辽东半岛》《决战山东半岛》3个单元，以《黄海海战三维影视》《决战威海卫半景画多媒体复合场景》《金州曲氏井场景》为展示亮点，以《左宝贵血战玄武门塑像》《陈京莹家书场景》《旅顺大屠杀》以及《丁汝昌殉国塑像》为展示重点。

在本展厅中，我们运用半景画、场景复原、视屏影像等多种展陈手法来再现历史真相，通过黄海海战、威海卫保卫战两处重点场景来增加观众的参与性。力求通过典型的空间场景还原定格历史的瞬间，表达出甲午战争凝重而悲壮的空间气氛。

设计中选取了金属板材，舰船甲板、岩石、舱门等舰船形态符号和材质肌理。

《启衅朝鲜半岛》陈列单元

设计通过经远二副陈京营书写家信的生活场景和总兵左宝贵血战平壤玄武门的历史场景再现。从不同层面将甲午战争爆发之初的紧张、危机局势以及官兵不畏牺牲，誓死抵御强敌的民族精神展现出来。同时通过图文展示和视屏影像将平壤战役、丰岛海战等史实资料信息传递给观展者。

《鏖战辽东半岛》陈列单元

在此展区中，设计以大体面的肌理展墙、残缺城墙、灰暗沉闷的色调和光效来强化展厅沉重的空间特征。通过"旅顺大屠杀"写实高浮雕、一组再现金州曲氏一家为免遭日寇侮辱、投井自尽的历史复原场景，以及多媒体视屏播放的历史史实图片，把日寇犯下的一系列暴行多角度地揭露出来。

《决战山东半岛》陈列单元

4.第三展厅——《民族屈辱与抗争》

本展厅以揭示甲午战争对中国命运的深刻影响为主要展陈内容。分为《马关谈判》《反割台抗日斗争》《列强掀起瓜分狂潮》3个单元，以《马关谈判复原场景》为展示亮点，《台湾军民反割台斗争》视频、反映英租威海卫历史的《七子之歌·威海卫》为展示重点。

其中北洋海军3097人，
陆军2040人。
北洋海军被俘军舰
—丁汝昌
将自裁，
—刘步蟾

5.结束厅

《警钟长鸣》的创意主题与序厅相呼应，尾厅中央具有传统文化韵味的警钟造型，与展厅题字墙、中国海陆疆域图以及体现我国现代海军发展进程的动态视屏墙，共同把“铭记历史、警钟长鸣、强我海防、兴我海权”的设计主题准确地表达出来。

展陈主题空间的形式创意设计

展陈主题空间的创意设计，体现了对空间场所及展陈内涵的关注，通过独具创意的展场空间设计和观展体验，诠释出博物馆各展陈主题空间的精神内涵。在此，特将主要展陈主题空间的创意设计及制作过程予以解析。

1. 黄海海战厅

设计运用象征性的展陈手法，结合馆藏巨幅油画，以一组写实人物群雕将邓世昌等北洋水师将士誓与舰船共存亡的爱国精神展现出来。展厅中央的海战残舰造型和展墙舰船舷窗造型，进一步强化了海战主题。同时，在不失博物馆庄重感的前提下，设计了弧形投影幕，利用三维电脑技术，制作了《黄海大海战》影视节目，将黄海海战敌我双方的接战阵形、海战进程、各阶段战况变化以及海战的惨烈场景形象直观地再现，产生再现历史、弘扬主题的展陈效果。

2. 大型复合场景——《决战威海卫》

利用半景画易于表现宏大战争场面的优点，结合现代高科技多媒体影像技术，以全景式的视野将威海卫陆岸炮台激战与刘公岛保卫战两大场景空间进行组合设计，由画面、实景、影像、音效、光效、烟雾效果及高科技技术，营造出多感观动态场景空间，使观众有身临其境的互动感，观众平台的炮台建筑置景进一步增强了观众的临场感。

【主题】：甲午战争威海卫保卫战。

【时间】：1895年1月30日至2月17日。

【气候】：大雪没膝，滴水成冰，遍地白雪覆盖，天气异常寒冷。

【空间】：威海卫南北两岸与刘公岛、日岛。

【角色】：中国清朝海军、陆军与日本海军、陆军。

【事件】：日军从龙须岛登陆，由后路抄袭北洋海军威海卫基地，发起歼灭北洋海军的山东半岛战役。北洋海军株守威海港，依辅炮台，与陆军联合作战，抵御日军长达半个月的海陆夹击，终因炮台资敌、援军不继，刘公岛陷落，全军覆没。

决战威海卫半景画创作

近景正面为威海卫城，右侧塔山、金线顶，左侧古陌岭；中景正面为威海湾、刘公岛黄岛炮台、日岛炮台，右侧威海湾南岸龙庙嘴炮台、摩天岭炮台，左侧威海湾北岸祭祀台炮台、黄泥沟炮台，以及威海湾南北两海口；远景为油画虚拟空间，正面刘公岛，右侧威海湾南岸皂埠嘴炮台，左侧威海湾北岸北山嘴炮台、墨岛、小青岛等，与中景自然衔接过渡。

【视角】：观众位于威海卫金线顶的一个陆岸炮台制高点上，向东面的刘公岛、威海湾南北两岸侧俯视。

初稿创作

半景画现场绘制

场景地面塑型、置景

马关谈判场景

展厅中马关春帆楼谈判复合场景，采用人物雕塑、背景油画，结合定向音效配音再现李、伊对话场景，从而深刻揭示出“弱国以外交为力量，强国以力量为外交”的貌似平等的对话谈判，只会结出不平等条约的陈列主题。

陈京莹家书复原场景

设计背景资料：陈京莹，福建闽县人。天津水师学堂第一届毕业生。1887年赴德国接带“经远”舰回华；1889年升补守备；1894年补用都司并赏戴花翎。甲午战争爆发前，在写给父亲的家书中，他表达了战死沙场、为国尽忠的情怀。黄海海战中，他力战不屈，与管带林永升等全舰将士壮烈捐躯，时年32岁。

家书内容与家书手迹相对照，场景配以家书朗读配音。

场景展品陈列：陈京莹家信。

陈京莹写真人物塑像：1尊。

军官舱陈列展品：北洋海军军官佩剑、军官服装、立檐军官帽、砚台、毛笔、台灯、锡镶紫砂茶壶、茶盏等共计20余件。

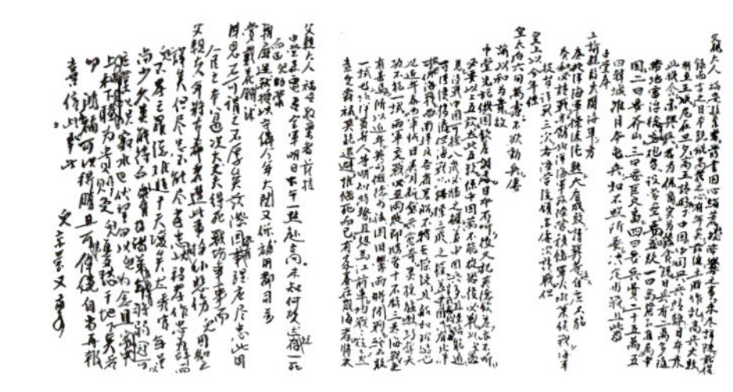

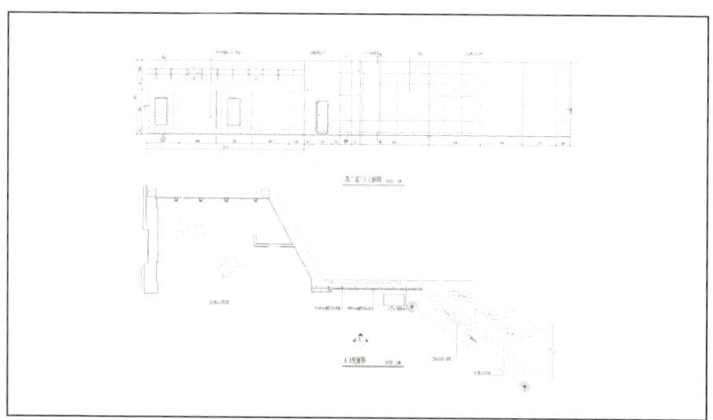

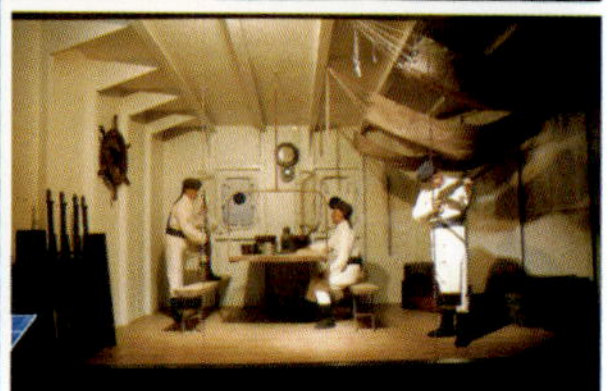

雕塑场景——丁汝昌等殉国将领

该雕塑场景由圆雕、高浮雕、浅浮雕等不同雕塑形式的写实人物雕塑构成，艺术真实地反映北洋海军及陆军将领在寡不敌众、弹尽援绝的绝境中，舍生取义、宁为玉碎、不为瓦全的军人气节。

丁汝昌雕塑：坐姿全身单体圆雕。人物坐于扶手靠背椅上，身势稍后仰，左手扶扶手，右手执笔管向右后外侧掷出；面部稍侧上仰，似决心已定，面容悲愤，目光决绝，神态肃然；人物头戴海军冬帽，没有顶戴花翎。

5人高浮雕雕塑：人物为刘步蟾、林泰曾、杨用霖、戴宗骞、张文宣，姿态各异。

背景墙：上部墙面镌刻丁汝昌表明心迹的书信手迹，鎏金处理。

中国国家博物馆
——《复兴之路》陈列布展方案设计

设计概述

设计以稳重、质朴、大气而不奢华的整体展陈风格来诠释《复兴之路》鲜明的展陈主题和独特的空间属性，体现国家级博物馆应有的厚重历史感。

设计方案突出体现了如下几大特点：

1.设计的前瞻性、合理性、可行性、艺术性在方案中得以充分体现。

2.陈列风格简约、庄重、质朴，各部分展厅的设计风格既统一又各具特色。

3.设计运用现代信息传媒技术和艺术手段,体现了科学性与艺术性相结合的现代博物馆展陈设计理念。

4.设计强调了观众的体验性与参与性，融思想性、历史性、趣味性、知识性为一体；体现了现代博物馆教育功能、旅游观光、休闲一体化的设计理念。

5.空间布局得当、简洁统一、厚重大气、基调稳重。

设计方案

序厅

结合序厅主题壁画及组雕的创作，序厅空间设计运用洗练的设计手法，以开敞、大气、通透、厚重的空间意境。映衬出序厅主题壁画及组雕大气磅礴、气势恢弘的震撼力。

第一展厅　中国沦为半殖民地半封建社会

展厅空间设计

本展厅设计以沉重的深灰色空间基调及交错的展墙造型，展现中国沦为半殖民地半封建社会,在屈辱苦难中奋起抗争的陈展内容。设计展陈面积720m^2，展线84延长米，拟展文物190余件。

第一单元　鸦片战争前的世界与中国

第二单元　帝国主义列强对中国的侵略

第三单元　中国人民的抗争和觉醒

虎门抗英多媒体半景画

半景画设计尺寸为6m×12m。设计采用投影技术将动态的海浪、爆炸水柱及火光、硝烟等视频影像与半景画海战画面进行叠加。配合解说、涛声、炮火等声光特效，为观众真实再现虎门军民英勇抗敌的激烈战斗历史场面。半景画前景设计为虎门炮台置景。

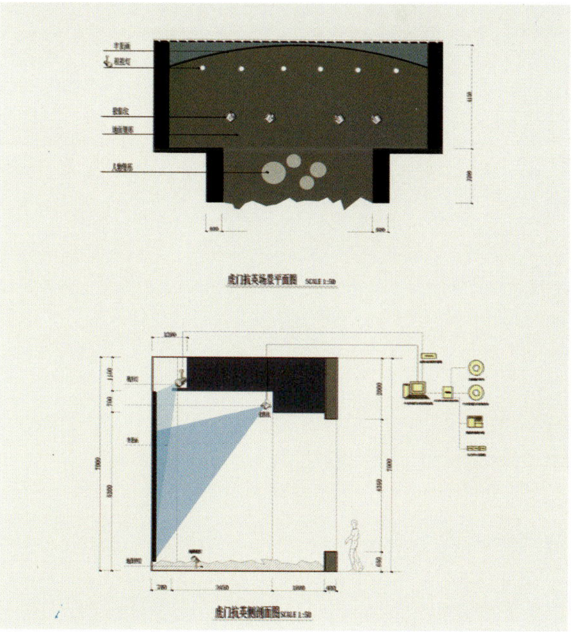

第二展厅　探求救亡图存的道路

本展厅设计展陈面积500m^2，展线122延长米，拟展文物190余件。

第一单元　对国家出路的早期探索

第二单元　辛亥革命推翻封建帝制

第三单元　辛亥革命失败和新文化运动兴起

重点场景设计：粗纱机厂房复原

结合粗纱机文物，设计中我们选取粗纱机厂房局部进行复原。通过复原厂房的砖墙材料、框架结构及建筑风貌。衬托出粗纱机文物所处的历史年代。复原厂房为一开放式展区。

重点场景设计：武昌起义旧址城楼复原

设计依照武昌起义旧址城楼的资料，对旧址城楼进行等比例缩放。通过残缺的城垛，墙体的弹迹遗痕及对复原城楼的做旧处理，来强化其作为见证武昌起义这一历史事件的史实价值。

第三展厅　中国共产党担负起民族独立人民解放历史重任

本展厅设计展陈面积1430m^2，展线256延长米，拟展文物410余件。

第一单元　开天辟地的大事变

重点场景设计：中共一大会址复原

第二单元 探索中国革命新道路

重点场景设计：长征虚拟实景

设计运用半景画、仿真置景、着装人物塑像、结合VR地投、视频影像、声光特效等技术，将红军顶风雪、抗饥寒、凭着对革命胜利的坚定信念、征服无人区大草地的长征历史画面予以真实的再现。场景设计为观众可介入式的体验空间。观景区由VR地投技术模拟出踏压草地的效果，与虚拟实景中的沼泽地草原置景的自然衔接。给观众以身临其境的场景体验。

第三单元 全民族抗战的中流砥柱

第四单元 为新中国而奋斗

重点场景设计：人民群众支前场景

场景设计为观众可介入的体验空间。场景右侧为图片展墙结合文物展示，场景左侧利用背投技术将动态支前影像以平面化的剪影形式予以表现。

重点场景设计：渡江战役半景画

渡江战役半景画以表现我军百万雄师突破长江天堑的宏大战斗场面为创作主题内容，半景画设计尺寸为21m × 6m。

在宏大的渡江战役半景画场景中，由视频投影技术及特效光照创造的动感硝烟、爆炸水柱、水浪云雾效果，把观众带入战火硝烟的渡江战役中，置景近处设计为一组我军突破敌江岸防御阵地的仿真人物塑像。

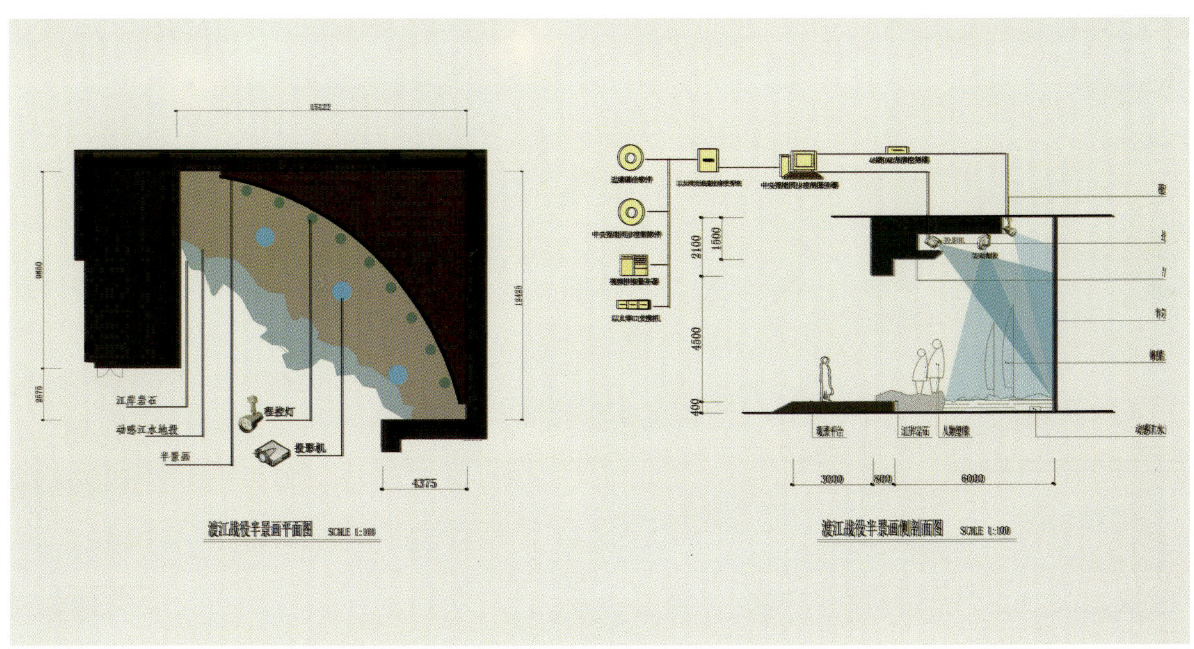

第四展厅　建设社会主义新中国

展厅设计展陈面积930m^2，展线163延长米，拟展文物140余件。

第一单元　中国人民站起来了

重点场景设计：开国大典

上甘岭无敌坑道复合场景

第二单元　社会主义建设在探索中曲折发展

重点场景设计：

艰苦创业、勤俭建国——大庆油田雕塑场景

两弹一星多媒体演示景观

设计将两弹一星文物置于展厅中央。以半弧形视屏墙及圆形吊顶限定展示区域，利用无缝拼接大屏幕动态演示两弹一星研发、实验、发射等历史影像资料，同时观众可通过展墙两侧VR桌面触摸屏，进一步了解两弹一星的相关知识。

第五展厅　走中国特色的社会主义道路

本展厅以暖灰色的明快基调来展现，在三代领导集体领导下，开辟和建设中国特色的社会主义道路，开创改革开放现代化建设新篇章的光辉历程和辉煌成就。

展陈面积1100m²，设计展线197延长米，拟展文物190余件。

重点场景设计：港澳回归、新旧北京城模型多媒体演示、三峡水利枢纽模型、新旧农村模型多媒体演示、青藏铁路建设及沿线风情体验厅、航天成就展示。

尾厅

设计创意以穿越历史时空，重温民族复兴之路为主题。尾厅主通道空间设计为一拱顶环幕视屏。利用环幕多通道投影动态演示在民族复兴的历程中，不同时期的重大历史事件及人物。同时在尾厅右侧区域，观众可在虚拟展览空间中再次回顾展陈内容。并通过自主打印及多媒体查询进一步了解相关展览资料。

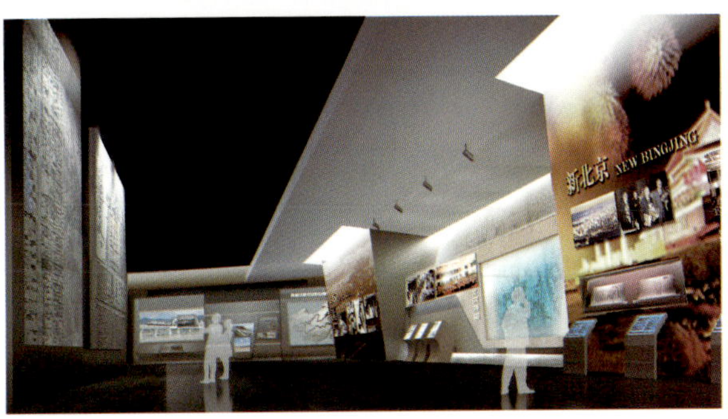

第五章 博物馆陈列布展设计项目实录 BOWUGUANCHENLIEBUZHANSHEJIXIANGMUSHILU

汉代画像石展厅

被誉为“汉代历史画卷”的汉画像石是中国古代文化艺术中的瑰宝，本展厅设计提取典型汉代建筑及画像石装饰纹样作为设计元素，将内容丰富的画像石文物置于其特定的历史时空中。同时，通过多媒体的演示，直观而形象地把汉画像石所描绘的社会万象、历史传说予以演绎和再现。

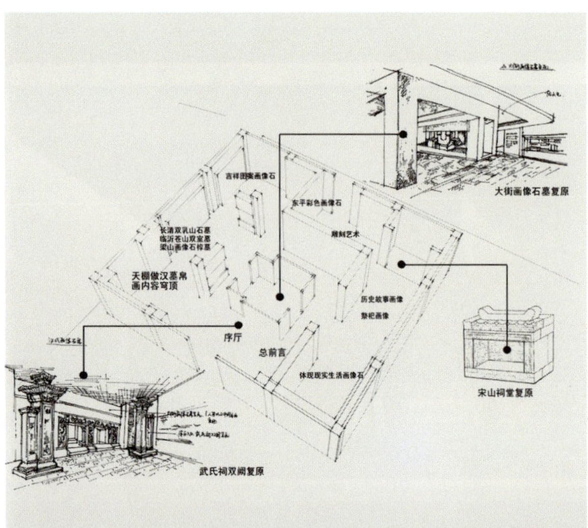

齐风鲁韵展厅

考虑到本展厅文物展品较多的特点，我们在整体上采用通长，标准化展柜，并深入考虑灯光照明的品质，为避免眩光，采用均匀照射，麻面背板布衬托，使其产生和谐的对比关系。主体内容设计方面采用微缩景观、多媒体视听、场景复原等多元化手段，全方位、多角度地调动观者情绪，使其深入其中，感受齐风鲁韵的历史人文魅力。

沈阳城市规划展示馆展陈设计初始方案设计

1. 馆前展示区

从展馆外部空间和景观入手，通过展示馆前具有代表性的景观环境设计辅以醒目的导视设计，来营造展示馆的气势和文化氛围，体现“城市规划”的专业特质。馆前区设置电子信息发布平台，用于展馆日常发布信息。同时设置休闲区，供游客休息。此外，考虑到规划展示馆地处沈阳金廊城市景观节点区域，结合展示馆周边地区特点，需对馆前区域的夜间亮化进行合理的设计。

2. 总体规划展区

展厅平面

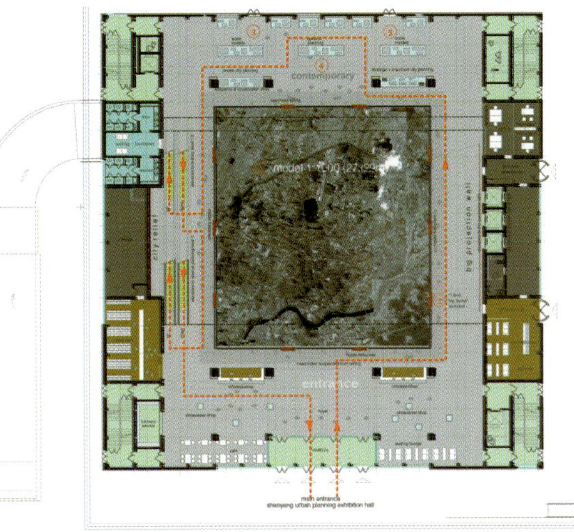

城市总体规划模型——采用声、光、电集成技术，结合可升降的区域规划模型，给模型增添活力，让模型分区域、分层次活动起来，多维角度反映沈阳城市规划和建设。可以让参观者全方位感受沈阳的变化，体验沈阳的城市魅力。

城市影像——投影，“我爱我家”百姓寻找自己的住所。利用巨幅投影将城市规划的方方面面融入城市影像图中，直观形象地反映城市规划情况，并结合触摸屏实现互动查询。

历届城市总规划演变过程——五个阶段：汉，候成；元，沈阳路；明，沈阳中卫；清，盛京；近代，奉天。

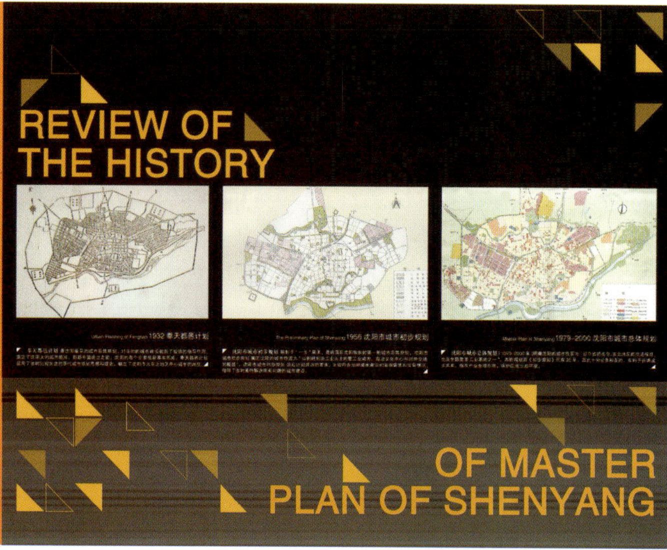

新版城市总体规划图：图板结合模型，辅以文字说明，展望沈阳未来的城市前景。
城市近期建设规划图：分主次、分区域将近期要实施规划的地区展示给百姓。
城市发展战略规划：图板展示规划理念及对城市发展的重要意义。
四大发展空间规划：图板展示规划理念及对城市发展的重要意义。

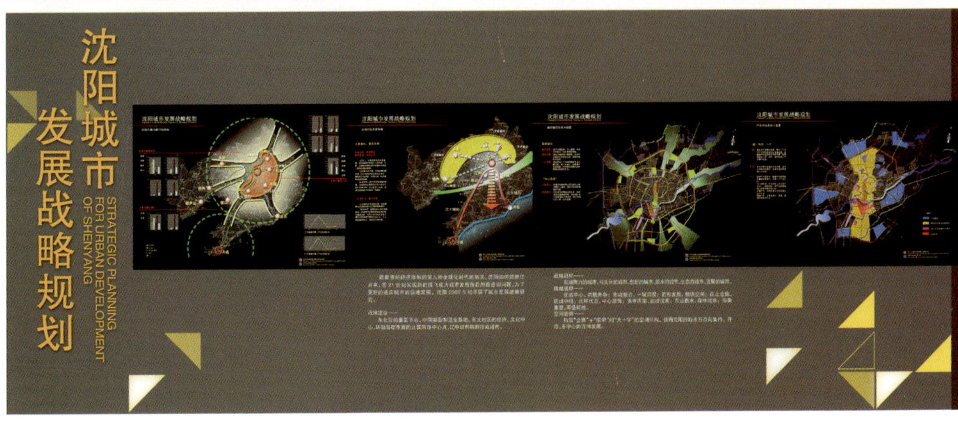

3．历史文化名城展区

从规划的角度展示沈阳的历史，配以老沈阳的史料，建筑原型、民俗、城市照片等吸引参观者了解沈阳，以“百变沈阳”地图集或图片集与参观形成互动，翔实地反映沈阳的今昔巨变。

主要展示内容及手段：

（1）历史文化名城保护规划图：图板，文化名城的介绍，文物保护单位的布点。

（2）“一宫两陵”世界文化遗产：照片，故宫模型，清文化。

（3）四塔七寺：幻灯投影，“地投”形式，辅以文字史料。

（4）近现代优秀建筑和历史街区：张氏帅府、新乐遗址、九一八纪念馆、中山广场、沈阳站、历史文化街区等。图板或“地投”形式，辅以文字史料。

4．工业发展历程展区

工业发展史就是沈阳的城市变迁史，工业是沈阳重要的特征。设计运用图板、灯箱、模型配以历史影像史料、老影片来展示沈阳工业的发展变化，在展厅的中心展区摆放一个代表沈阳工业特点的模型，作为工业历史的一个见证。

主要展示内容：

民族工业、殖民地工业、新中国成立后工业的发展、改革后工业的发展、振兴中的老工业基地。

模型结合屏幕投影，互动展示振兴中的老工业基地。

5．“森林城市”展区

展示沈阳近年来在实现“森林城市”和绿化环境建设方面做出的重要规划和成果。

具体展示内容：

城市绿地系统规划展示；

沈阳世园会规划展示；

棋盘山国际风景旅游区规划展示；

浑河滨水区规划；

城市水系规划；

重要公园、绿地规划等。

展示手段：沉浸式虚拟场景”展示，让人身临其境，融入虚拟森林环境中。

技术性能要求：利用两台投影机和6个墙面视屏，结合规划模型，展示相关设计规划的图文、影像资料。虚拟场景实时同步漫游展示，实时响应时间小于40ms等。

6. 专项规划展区

（1）道路交通专项规划

（2）市政管网专项规划

（3）公共设施布局规划（重点标志性建筑）

（4）重点地区控制性详细规划

（5）土地经营，房产开发

7．重要城市设计和修详规划展区

（1）沈阳市总体城市设计

（2）方城地区城市设计

（3）太原街地区城市设计

（4）沈阳金廊城市设计

（5）浑河滨水区城市设计

（6）浑南中心区城市设计

（7）长白地区城市设计

（8）西塔城市设计

（9）金融商贸开发区城市设计（开发区提供）

（10）重点地区修详规划

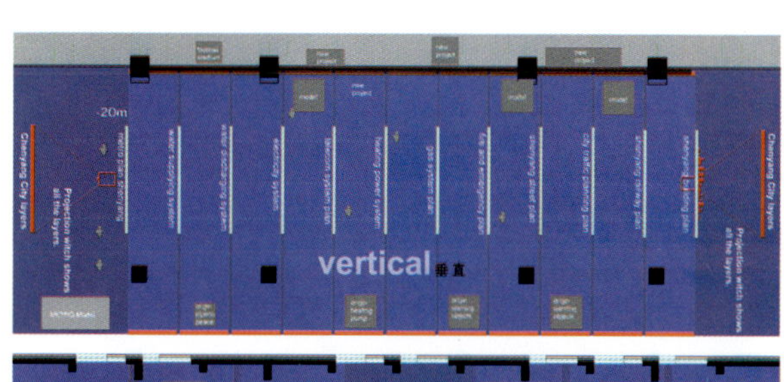

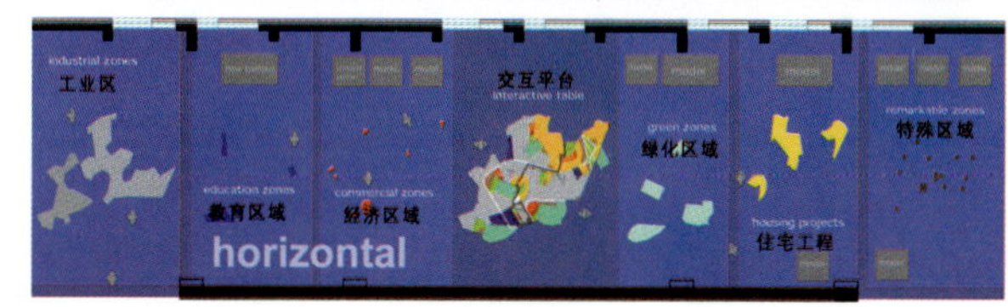

8.沈阳经济区周边城市展区

为沈阳经济区周边城市预留展示区。

9.沈阳市各区、县规划展示区

10.土地储备交易中心，土地整理中心展区

信息发布、地块条件、招投标形式等方面咨询。及时公布一些重大规划的变更，重大城市建设项目规划，设计方案竞标的群众评议活动，规划方案公示，土地出让信息，与规划和土地相关的新闻发布会等。

电子显示屏或触摸屏，方便查询土地挂牌交易动态信息。

赵尚志纪念馆项目设计与施工

项目概述

赵尚志纪念馆建设项目的总体设计包括：赵尚志纪念馆主题公园总体规划，纪念馆建筑外观设计，室内陈列布展设计，赵尚志烈士故居、陵园及纪念碑设计四大部分。纪念馆建筑面积5900m^2，布展面积4000m^2。工程建设于2007年9月23日开工，2008年10月25日落成开馆。

纪念馆主题公园景观规划

主题公园总体规划布局，采用中轴线对称型分布结合环状发散型分布。设计主项内容包括：景观绿化设计、背景音乐系统设计、景观照明系统设计、导视系统设计，以及主题雕塑、景观小品、涌泉、碑林、纪念柱、各类公共设施等。

主题公园景观分区：

1.公园中心广场景区：大型纪念活动、集会区。中心广场设计为一个音乐旱喷泉，四周为林荫景观带。

2.市民活动中心区：由纪念馆建筑、主题雕塑及松林、白桦林、碑林、林中小径构筑的自然园林式景观区。

3.儿童游乐区。

4.配套服务区：停车场、纪念品商店、餐饮服务区、鲜花小店、卫生间。

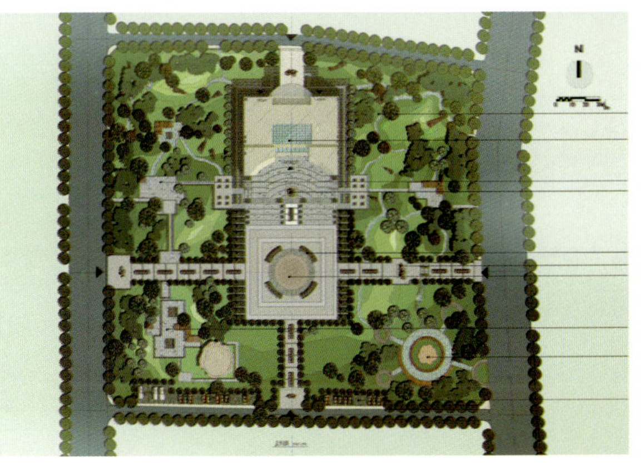

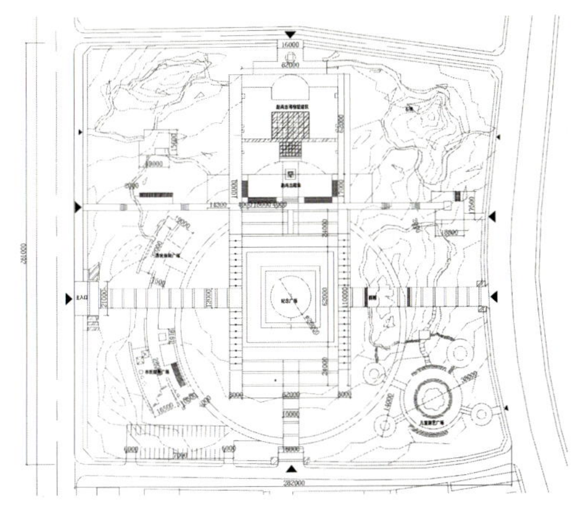

园区绿化及水景：

引进白桦树、法桐等特色乔木品种。园区景观植被以灌木、乔木为主，形成松林、白桦林为主体的自然林带，利用绿篱、灌乔木丰富景观层面，白杨作为景观隔离林带。利用季节性花卉的摆放增加和丰富纪念馆中心广场的空间层次，达到美化作用。景观绿化强调视觉的开敞及通透性。

陵园纪念碑广场、陵墓及外环境设施：

1.陵门、陵墓建筑形态、机理、材料及色调，有选择的吸取了中国传统陵园建筑语素，同时，通过对陵墓建筑空间和配套服务设施的完善，使其各项功能更为完善。

2.纪念碑广场环境景观设计避免城市景观设计的印记，力求与周边自然的环境景观及质朴的民风相协调、相吻合。体现出庄重的特征。

3.考虑到墓地平缓，开阔的自然环境，设计利用地铺及影壁墙将纪念碑广场、陵墓区域与周边自然环境区分开。

4.陵墓造型以方形为主，庄重，现代。

规划平面

故居复原

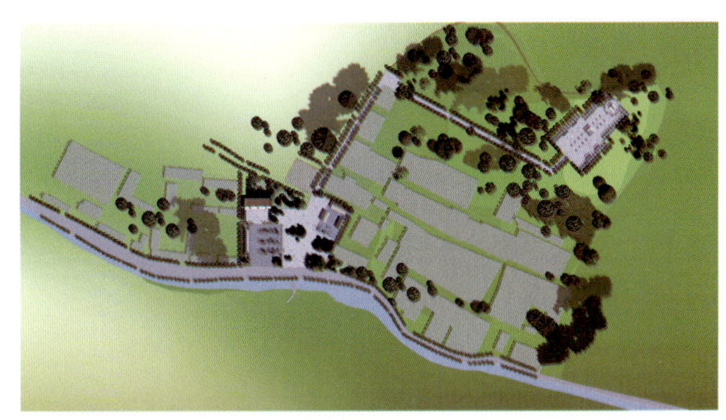

纪念碑广场及陵墓设计

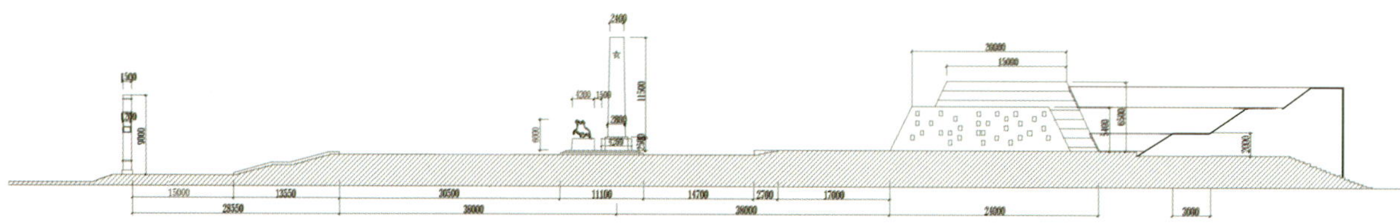

纪念碑广场：

1．采用纪念碑广场与陵墓一体化设计形式。

2．方尖形的纪念碑，造型给人以沉稳、肃穆、崇高之感。

3．利用五星、影墙及万年青、菊花等象征性图案强化纪念性。

纪念馆建筑造型的象征寓意

建筑平面为“尚“字形的方正矩形。纪念馆高11米，正面长34米，象征着赵尚志将军11岁离开家乡以及34年短暂而壮丽的人生。半圆形的建筑正立面造型，像张开的手臂，寓意家乡人民张开怀抱迎接将军魂归故里。

正立面

侧立面

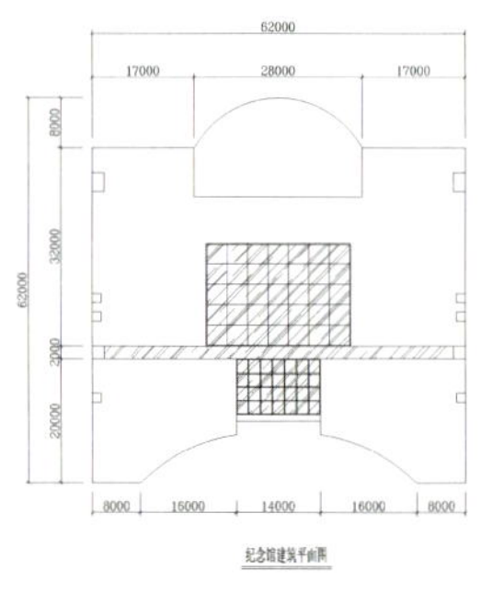

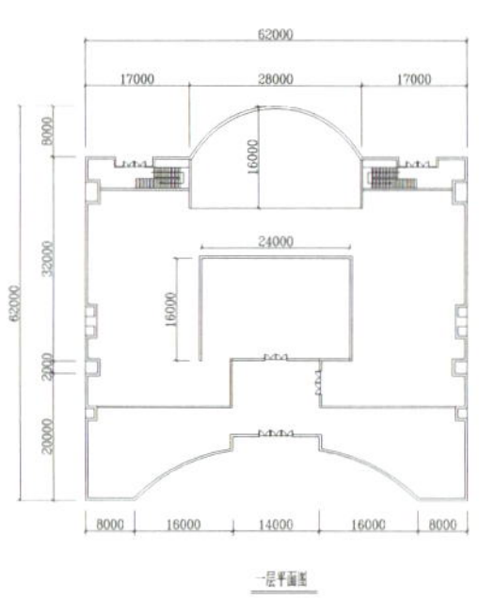

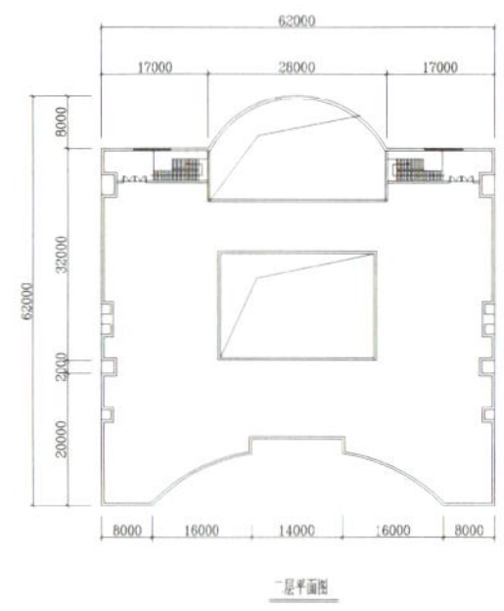

建筑简介：

建筑总面积6000m^2
建筑总高12m
建筑一层总面积3450m^2
一层主入口辅助功能区面积700m^2
序厅面积400m^2
一层展厅面积1850m^2
半景画厅面积500m^2
半景画厅层高15m．弧长33.5m．最小视距1
二层总面积2550m^2

纪念馆陈列布展设计

平面规划及观展流线

展馆平面规划本着突出重点以点带面的设计原则，把序厅、陈展重点与亮点空间作为调动观众情绪的控制点，通过精心设计构思，使展陈内容在整体空间序列上形成有张有弛、开合有度的观展节奏。

展览流线强调引导性、顺畅性和秩序性。考虑到观众顺时针方向的观展习惯，设计展厅主展线以图文及文物展示为主，观众互动参与项目及场景安排在辅展线上。

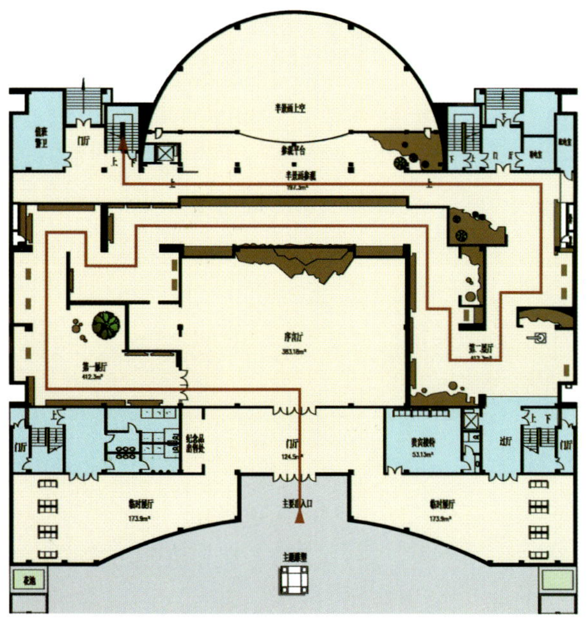

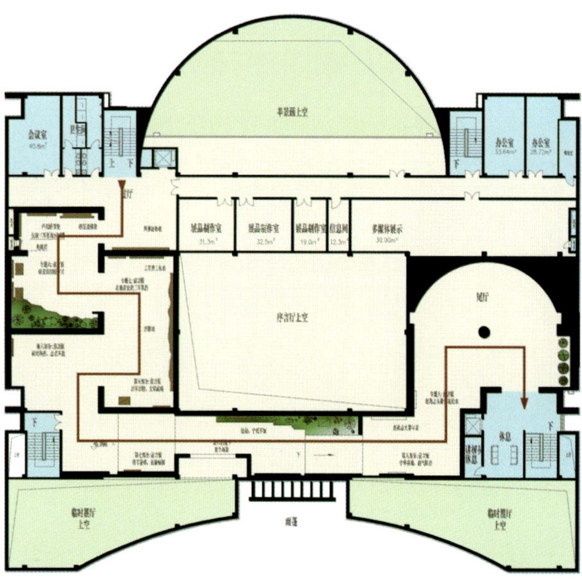

展厅空间设计

设计方案通过合理的空间分布、恰当的展陈手段及艺术化的设计，为陈列展品创造一个最适宜的展场空间。设计强调多感官的空间体验，强调观众身临其境的现场感和参与其中的共享感。通过“颠覆日军军列”、“木炮打宾州”、“冰趟子战斗” 半景画以及幻影成像“最后的战斗”等场景，生动地再现了当年赵尚志将军浴血奋战的抗战历程，令观众有身临其境之感。

图文展板设计

为避免平铺直叙的简单化，我们通过易于引发观众兴趣的陈列形式，力求将展示内容转化为丰富多彩的个人体验。

设计利用丰富的展墙造型、背景肌理展墙和大幅展板背景底图，为图文展板、陈列文物创造一个最适宜的展场空间，让观众透过珍贵的历史图文去感知展陈主题及内容。同时，依据展陈内容的内在逻辑关系，将图片、文献、图表、文物、艺术作品依主次关系，采用嵌入式、悬挂式等多种陈列形式，合理安排于版面及展柜、展台中。从而达到高低错落、富有变化、层面丰富的陈列效果。

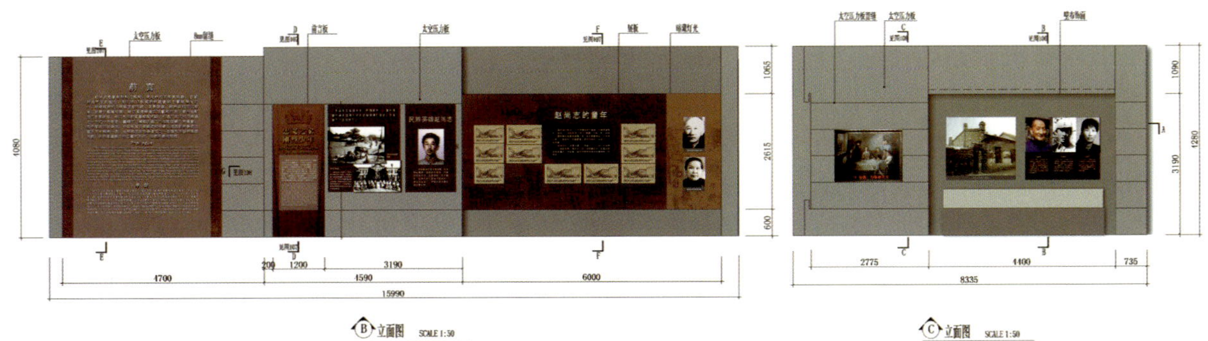

陈列布展及场景设计

中国防空博览园项目设计

项目概况：

中国防空博览园建设项目地处宁波市镇海区，位于招宝山4A级旅游景区中，防空博览园总体规划建设面积21000m^2，其中主体建筑占地面积5800m^2，招宝山人防坑道展陈布展面积6460m^2。

建设项目设计包括：防空博览园总体规划、博览园主体建筑设计、博览园人防坑道陈列布展设计三大部分。

博览园功能分区

总平面：

博览园主馆建筑：

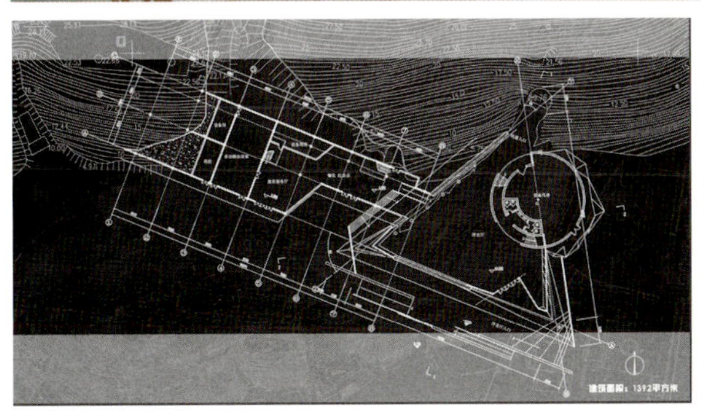

军事体验馆

互动展区分布：海战体验区、陆战体验区、地面防空体验区、飞行体验区、防灾体验区

防空博览园基本陈列布展设计

防空百年环幕影厅：

通过5～8分钟的环幕动态影像，简要介绍防空的百年历史。包括防空的起源、防空体系的形成、火力电子一体的现代防空和向反导拓展的防空趋势。

第一展区——世界防空

通过世界防空发展史的全面介绍，让观众对世界防空的起源、历史及其发展进程有一个深入的认识和了解。

典型防空战例：

“二战”中的伦敦防空：

设计运用置景、幻影成像结合历史图片，将伦敦防空中英国综合使用雷达、歼击机、高炮有效拦截德国的空袭。以少量的空中反击作战，打乱德国空军的空袭计划，并组织专门力量消除空袭后果三个主要场景画面予以还原再现，突出体现军民一体组成严密防空体系是伦敦防空的成功经验。

“二战”中珍珠港防空：

场景设计为以正在下沉的战舰舰舱中，场景坑道两侧采用LED显示屏，再现轰炸后的珍珠港港口设施和机场、军用飞机的惨象。利用坑道正面纵深空间，将日机空袭珍珠港、击毁美军太平洋舰队多艘战列舰的历史影像展播出来，以增强观众的身临其境之感。

科索沃战争中前南联盟的防空：

第二展区——中国防空

弘扬爱国主义精神，激发民族自豪感，重点用“十个世界首创”展示新中国防空的辉煌成果。

笕桥814空战场景：

抗美援朝战争中的防空：

国土防空中的典型战例：

第三展区——人民防空

普及人防知识、训练人防技能：

防空技能知识的学习和体验展示区：

第四展区——未来防空发展

展望未来防空发展，重点介绍防空的新理念

防空、防天一体化防空

火力电子一体化防空

攻防一体化防空

军民一体化防空

前后方一体化防空

平战一体化防空

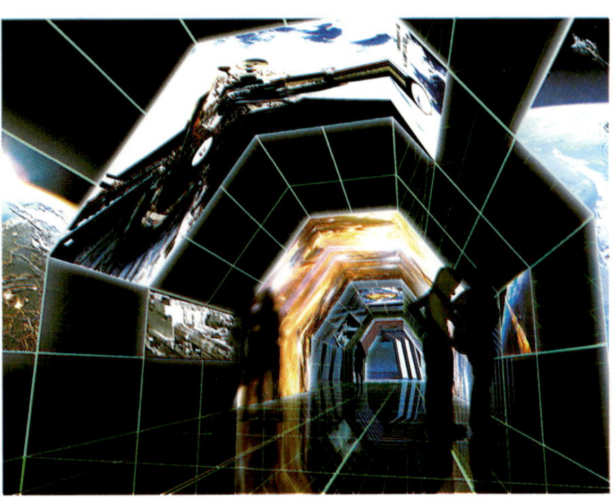

后记 >>

「　大批新建博物馆和博物馆扩建项目的相继启动，推动了我国博物馆行业跨越式的发展进程，也使得社会对博物馆展陈艺术设计专业人才的需求量增大。面对当前国内文博展陈业潜在的巨大发展前景，如何搞好博物馆的陈列设计，已成为一个值得深入探讨的设计教学课题。

作为实践性很强的设计学科，实现其教学与设计市场的接轨，是培养高素质创新型人才，适应社会对设计应用型人才培养需求的有效途径。对此，作者深有体会，在参与大量的社会实践设计的过程中，每一个实际项目设计就是一个教学研究课题，一次次充满创造性和探索性的设计之旅，为教学积累了丰富的素材，

本书结合大量的博物馆陈列布展设计实例图片、作者参与和主持的项目设计实例，对现代博物馆展陈空间设计进行了多层面、多角度的阐述。着重就博物馆陈列布展工程的设计、项目的实施步骤及其工程的施工等主要内容作了实质性的表述和呈现。可以说，本书是作者近几年从事展陈空间设计教学和设计实践的一次汇总，因此，它既可以作为高校艺术院校展示艺术设计学科的专业教材，也可供从事展陈艺术设计的专业人员参阅。书中精选的文博展馆空间设计及施工实例，均为2004—2010年期间，作者在学院艺术工程总公司参与的实际项目。在此，由衷地感谢田奎玉教授多年来在专业上给予作者的悉心教导，深切缅怀英年早逝的王伟教授，同时感谢项目设计团队的设计师和研究生们。

由于作者学识有限、时间仓促，书中很多内容可能还需要补充或修正，不足之处，敬请同行和读者给予指正。

」